종이배 띄우다

종이배 띄우다

이재숙 수필집

세종출판사

| 서문 |

무더운 여름이었다. 고등학생일 때, 너무 더워서 휴교를 한 적이 있었다. 그때, 더위에 사람이 죽을 수도 있겠구나 하고 처음으로 생각했었다. 그 더위를 무색하게 한 것은 첫 번째 임신으로 배가 남산만 하던, 1994년 여름이었다. 에어컨이 필요 없는 시원한 집이었는데, 시어머니와 바람이 지나는 거실에 나란히 누워서 숨만 쉬던 풍경이 떠오른다. 올해, 다시 무더웠던 여름에 대한 기억을 수정해야 할 것 같다. 이렇게 뜨겁고 긴 여름밤이 있었던가. 언젠가, 내가 수필집을 내던 그 해에 얼마나 더웠던지…. 하면서 이 여름을 기억하리라.

여름 내내 원고를 읽고 수정하면서 무더위를 보냈다. 시원한 소나기가 내릴 즈음에 세상에 보내려고 했는데, 예상보다 늦어졌다. 귀뚜리가 가을을 알리러 서둘러 온 이때, 글을 세상에 보낼 수 있어 나는, 기쁘다. 이 글의 여정이 누군가의 작은 여유와 즐거움으로 이어지기를 빈다.

살아있는 것은 모두 행복하기를 바라며,
2024년 가을 초입에 해운대 장산 중턱에서

차례

1부
시간은 소나기처럼 짧은데, 여운은 장마처럼

2부
여름 산처럼 조금은 하늘을 밀어 올리고

3부

이제 되었다고, 딱 좋은 순간이라고

4부
한 번 더,
다음에도 다시 한 번 더

5부
강물을 담고 빗물을 받아도 넘치지 않는 바다

6부
구름과 구름 사이의 하늘을 보고

1부
시간은 소나기처럼 짧은데,
여운은 장마처럼

누름돌

마음이 뒤숭숭한 날이면 나는 베란다에 나가 화분에 물 주듯 돌멩이에 물을 준다. 돌멩이는 짙은 색으로 촉촉해지면서, 금방이라도 화초처럼 자랄 것만 같다. 어떤 때는 아예 항아리 옆에 주저앉아 돌멩이를 닦는다. 돌멩이의 웃음 같은 둥근 선을 어루만지면 한없이 기분이 좋아지고 마음이 편안해진다.

지난 유월 초, 엄마가 큰 자루 하나를 끌다시피 들고 왔다. 달려가서 받아보니, 쭉쭉 뻗은 오이가 푸르게 들었다. 엄마는 옆 농장의 오이가 하도 좋아서 한 접 샀다고 했다. 분명 친정에 온 나에게 주려고 샀을 것이었다. 아니나 다를까 나더러 가져가란다. 집 앞에 있는 마트에 가면 실컷 살 수 있는 오이를 뭐 하러 힘들게 사 들고 오느냐는 핀잔이 얼핏 나왔다. 이맘때 나온 오이로 오이지를 담아야 맛있지, 조금 지나면 오이에서 쓴맛이 나와 못쓴다면서, 엄마는 내 입을 묶듯 자루 입구를 묶었다.

“소금물 부어서 꼭꼭 눌러놔. 돌멩이는 있니? 돌멩이도 줄까? 밭에 많이 있어.”

“엄마, 우리 집에도 돌멩이가 많아요. 엄마가 준 돌멩이가 어찌나 많은 지 집도 짓겠어요.”

나의 말에 엄마는 소리 내어 웃었다.

수년 전, 엄마는 고추장아찌와 마늘장아찌가 잘 되었다면서 냉장고에서 한 통씩 꺼내 주었다. 집으로 돌아와 장아찌를 꺼내려고 젓가락을 간장 속에 넣었는데 무언가 딱딱한 것에 부딪혔다. 들추어 보니 주먹만 한 돌멩이 두 개가 들어 있었다. 누름돌이었다. 그다음에도 엄마가 주는 장아찌에는 돌멩이가 한 개 아니면 두 개가 납작하게 또는 둥글게 들어 있었다.

장아찌를 먹고 나면 돌을 꺼내어 깨끗하게 씻은 후 안방 베란다에 있는 항아리 위에 올려놓았다. 항아리 뚜껑 위에, 줄무

늬가 있는 납작한 돌, 주먹만 한 새까만 돌, 작은 구멍이 가득한 하얀 돌 등 여러 돌멩이가 옹기종기 모여 있다. 하나같이 모난 데가 없이 둥글고 예쁘다.

암석이 만들어지려면 적어도 천만년이 걸린다고 들었다. 저렇게 둥글둥글해지기까지 또 얼마나 긴 시간을 보냈을까. 천만년에 다시 천만년을 살았을지도 모를 돌멩이. 그런 돌멩이가 하는 일이 겨우 장아찌 누르는 것이라니. 돌멩이의 일이 너무 하찮아 보였다.

햇살이 항아리 위에 걸터앉아 돌멩이를 데우던 어느 겨울날, 안방 침대에 엎드려 유리창 넘어 돌멩이를 한참 쳐다보았다. 딱딱하기만 하던 돌멩이가 물렁물렁해지면서 부드럽게 움직이는 것 같았다. 편안하게 돌아누우며 일광욕을 즐기는 돌멩이에게 내가 물었다. 겨우 누름돌로 있다가 이제는 장독 뚜껑 위에서 놀고 있는 게 마음에 드느냐고.

내가 고인돌이 되든, 구들장이 되든, 누름돌과 무엇이 다르겠어. 고인돌이 될 만하면 그걸 하면 되는 거고, 구들장에 쓰일 만하면 구들장이 되는 거지. 누름돌도 아무나 되는 게 아니야. 엄마가 밭에서 나를 찾으려고 허리 구부리고 얼마나 이리저리 걸어 다녔는지 모르지? 너무 크면 들고 가기가 무겁고 너무 작으면 누름돌 역할도 못 하니, 엄마가 이 돌 저 돌 들었다 놨다 하면서 선택한 게 나라고. 무엇보다 둥글어야 해. 엄마가 둥글다 싶어 돌을 집었다가 땅속에 박힌 면이 뾰족해서 휙 던져 버린 게 한두 개가 아니라니까. 그때 그곳에 꼭 맞는 무언가가 되는 것이 쉬운 게 아니야. 고인돌이든 구들장이든 누름돌이든 모두 같은 거야.

돌멩이의 대답에서 무엇이 되든 그것으로 존재하는 돌멩이의 지존이 느껴졌다. 희로애락에 움직이지 않고, 욕심도 내지 않으며, 끊임없이 깎이고 작아져도 마냥 평화로운 돌멩이의 내공. 저 정도는 되어야 진한 간장 속에서도 녹지 않고 소금물에서도 무르지 않은 채 푸릇한 장아찌를 눌러 줄 수 있으리라.

인간이 만물의 영장이라고 말하는 것은 천 년도 살아보지 못한 인간의 섣부른 주장이 아닐까. 마음 한 자락에 파르륵거리며 이리 뛰고 저리 뛰는 것이 만물의 영장은 무슨…. 하루에도 열두 번씩 널뛰듯 하는 나의 마음. 천만년 동안 단단해진 돌멩이를 가슴에 올려두면 나의 마음도 장아찌처럼 눌려 부드러워지려나.

엄마가 전화했다. 오이지는 잘 담았는지, 누름돌로 잘 눌러 놨는지 물었다. 오이가 노랗게 되면 익은 것이니 그때 먹으라고 했다. 그러면서 "별일 없지?" 하고 물었다. 엄마는 항상 이렇게 묻는다. 별일 없느냐고. 어찌 별일이 없으랴. 나는 아이들 이야기와 세상 이야기를 풀어놓았다. 엄마가 살면서 겪었던 일에 비하면 이야깃거리도 안 되는 것이련만, 엄마는 한 마디 한 마디 챙겨 들으며 내 말에 맞장구를 쳐주고, 나를 힘들게 한 사람에게는 나 대신 욕도 해주었다. 그러면서 엄마는 별일 아니라며, 결국엔 다 좋은 거라며, 사방팔방으로 튀는 내 마음을 다독였다. 지금 그대로도 좋으니 너무 애쓰지 말고 살라고 했다. 엄마와 누름돌은 닮았다.

열쇳집 아저씨

동네를 종횡무진하는 사람들이 있다. 중국집, 피자집 등에서 일하는 배달원들, 학원 차들, 택배 차량과 우체부 아저씨다. 내가 아는 그 아저씨도 한몫한다. 적어도 하루 한 번은 털털대는 110cc 작은 오토바이를 타고 내 곁을 스치며 동네를 누빈다.

그 아저씨를 처음 만난 건 큰아이가 네 살 때였다. 아이와 골목을 돌아 슈퍼에서 과자 한 봉지, 콩나물 조금 사 들고 돌아왔더니 문이 잠겨 있었다. 무심결에 잠금 꼭지를 누르고 문을 닫았나 보다. 열쇠를 가지고 나오지 않아 난감했다. 동전이나 근처 뾰족한 꼬챙이로 손잡이 구멍과 문틈을 찔러봤지만 어림도 없었다. 이리저리 궁리해도 열 방도가 없었다.

휴대전화도 없던 시절, 옆집에 가서 전화기를 빌렸다. 현관문 위에 붙어있던, 열쇳집 홍보 스티커에 인쇄된 전화번호를 눌렀다. "아저씨, 문이 잠겨서요." 하는 나의 말이 끝나기도 전에 "네, 어딥니까?" 하더니 아저씨 한 분이 쏜살같이 날아왔다. 동그란 얼굴에, 눈에도 입에도 웃음이 흘러넘치는 분이었다. 얼굴이 온통 곡선인 아저씨는 커다란 공구 통을 들고 오토바이에서 내렸다.

아저씨는 잠긴 문을 보고는 '몹시 어려운 작업'이라며 큰 드라이버 작은 드라이버 등 이런저런 공구를 골고루 사용하였다. 내가 보기에 문 여는 것이 간단한 일로 보였는데, 아저씨는 오 분 동안 열쇠 구멍을 들여다보며 실랑이했다. '초보인가?' 하고 생각할 즈음 아저씨가 말을 꺼냈다.

"이게 보기보다 몹시 어렵거든요. 근데 저는 경력도 아주 오래되고 솜씨가 좋아 금방 열 수가 있답니다. 근데 문을 금방 열고 돈을 달라고 하면 사람들이 돈을 아까워하는 겁니다. 그래서 아주 힘들게 오래오래 문을 엽니다. 어때요? 오래오래 이거

저거 공구를 쓰고 낑낑대니까 기술이 어렵구나, 돈이 안 아깝다 하는 생각이 들지요?"

그러고는 딸깍 문을 여는데 어찌나 우습던지 깔깔깔 웃고 말았다. 아저씨의 문 여는 솜씨보다 아저씨의 말이 좋아서 수고비 드리는 것이 하나도 아깝지 않았다. 아저씨는 "언제든지 불러주면 슈퍼맨같이 나타나서 도와드리겠으니, 이리로 전화하세요." 하면서 작은 스티커를 하나 더 붙이고 털털털 오토바이 소리를 내며 갔다.

그 뒤로 아저씨가 눈에 자주 띄었다. 나처럼 열쇠를 잃어버리는 사람이 많은가 보다고 생각했다. 세월이 흘러 문을 열쇠로 열던 것이 도어 락으로 바뀌었다. 우리 집 현관문 잠금장치도 도어 락으로 바꾸었다. 문득 열쇠가 없어지면 열쇳집 아저씨는 무얼 해서 먹고사나 걱정이 되었다. 아저씨를 생각해서 열쇠로 여는 사무실 문은 그대로 두었다. 내가 부주의한 덕분에 어쩌다 한 번은 아저씨를 불렀고, 안부를 나누었으며, 아저씨의 기분 좋은 너스레를 들었다.

며칠 전, 열쇠를 복사할 일이 있어 아저씨 사무실에 들렀다. 알록달록한 옷을 입은 아저씨는 최신 아이돌 노래를 크게 틀어놓고 일을 하고 있었다. 잠시 잠깐 춤도 추면서. 열쇠 복사를 맡기고 나서, 자동 번호 열쇠를 사용하는 사람이 대부분이라 요즘에 일이 많이 줄어들지 않았느냐고 물었다. 아저씨는 "그래서 나도 자동 열쇠를 달지요" 하고 대답했다. "자동 열쇠는 잃어버릴 수가 없는데 아저씨를 길에서 자주 봬요." 했더니 "바쁜 척하면서 돌아다녀야 사람들이 아, 저 사람이 아직 살아 있구나 하지요." 하고 웃으며 말했다. 아저씨의 재미있는 말투와 대답이 좋아서 자꾸만 말을 걸고 싶었다.

"아이돌 노래를 좋아하시나 봐요." 하고 말을 붙이니 "이게 들으면 들을수록 재미가 있고 인기 있는 이유를 알게 되더라고요." 하며 아저씨가 대꾸해 주었다. 요즘은 아이들과 아이돌 춤도 춘다고 했다. 이미 환갑은 훨씬 넘었을 것이고 자식들도 장성했을 것으로 생각하니 아저씨의 말이 언뜻 이해되지 않았다. "자제분도 아이돌을 좋아하나 봐요." 했더니 아니라고 했다. 손주들과 춤춘단다. 손주들과 노는 게 더 재미있다나. 손주들이 할아버지를 친구처럼 여기며 같이 놀아줘서 참 좋다고.

얼마 전 우연히 KBS의 가요무대를 보고 깜짝 놀랐던 때가 생각났다. 내가 젊었을 적에 들었던 노래를 가요무대에서 가수가 부르고 있었다. '저게 왜 가요무대에 나와?' 하며 의아했다. 예전에 가요무대는 '미아리 고개'와 '울고 넘는 박달재' 등 부모님이 좋아하던 옛날 노래가 나왔었다. 부모님은 흥얼흥얼 따라 불렀지만, 나는 별로 아는 것이 없어 그 프로그램이 재미없었다.

이번에 알았다. 내가 듣던 노래가 이제는 가요무대의 주인공인 흘러간 가요이며, 나는 흘러간 사람이란 것을. 충격이었다. 지나간 세대라고 생각했던 부모님의 자리를 이제 내가 차지하고 있다는 것이 당황스러웠다. 나는 이미 가요무대의 주인공, 기성세대였다. 내가 예전에 기성세대로부터 느꼈던 지루함, 고리타분함, 고집스러움, 답답함이 내게서도 묻어날 것 같아 아찔했다.

그런 면에서 열쇳집 아저씨는 생각도 옷차림도 자녀 세대보다는 손주 세대와 어울렸다. 젊다 못해 어려 보였다. 이야기를 나누어 보니 직업관, 정치관, 세계관도 아저씨 연배와는 달랐다. 저분은 열쇠를 깎는 동안 쇠만 깎는 것이 아니라 세월도 깎은 게 아닐까, 묵은 삶의 군더더기도 위잉 하는 쇳소리와 함께 오려낸 것이 아닐까 하고 추측했다.

내가 생각하는 것이 아저씨에게 들렸을까, 아저씨가 말했다. 오늘 하루 즐겁게 사는 것이 중요하다고. 시대는 물처럼 새것이 옛것을 밀어내며 가는 것이니, 배에 몸을 실어 너울너울 가 보는 것도 재미있고 의미가 있다며, 열쇠를 깎는 사이사이 기계를 멈추고 말했다.

가게 안을 둘러보았다. 키 큰 사람은 서 있지도 못할 키 낮은 가게. 양팔을 벌리면 손끝에 공간이 약간 남을 정도의 작은 벽 세 개와 출입구와 유리창이 있는 벽 하나. 그 안에 빼곡히 달린 열쇠와 자물쇠, 도어 락들. "이런 걸 다 어떻게 여세요?" 하고 묻는 내게 간단하다고 아저씨가 대답했다. "이런 거 다 열 수 있으면 도둑질도 쉽겠어요."라고 했더니 아저씨는 웃으며 "할 수 있어도 하지 말아야 할 게 있고, 할 수 없어도 해야 하는 게 많은 세상이지요."라고 말했다. 짧은 대답이 내게는 깊은 울림으로 들렸다. 아저씨의 연륜에서 나온 말이기에 그랬을 것이다.

열쇠 값을 치르고 돌아오는 길에, 모든 자물쇠를 여는 아저씨의 비법이 뭘까 생각했다. 그것을 알아낼 방법은 없으리라. 비법은 몰라도, 내 자물쇠를 여는 열쇠는 가지고 있으니, 그것으로 만족해야지 싶었다. 그러면서 모든 일에도 그것을 해결할 열쇠가 한 개는 있을 것이라는 생각이 들었다. 문제없이 해결책이 있을 리 없고, 해결책이 없는 문제도 없으리라.

아저씨는 자물쇠를 쉽게 열듯 삶의 문제도 쉽게 열 것 같다. 어쩌면 다른 사람도 삶에서 만나는 문제를 쉽게 해결할 수 있는데, 아저씨 이야기처럼 쉽게 해결하면 자신의 삶이 중요하지 않거나 비싸 보이지 않을까 봐, 일부러 끙끙대며 사는 것일지도 모르겠다. 나는 쉽게 살아보아야겠다. 꼭 맞는 열쇠 하나만 찾으면 된다.

종이배 띄우다

비가 내린다. 보슬보슬 내리다 멈칫멈칫하다가 추적추적 내린다. 아스팔트 위에는 물꽃들이 피었다 지고 피었다 진다. 비를 긋나 싶더니 번개가 번쩍하면서 천둥을 부른다. 우르릉 쾅쾅 하늘이 부서지며 폭우가 쏟아지기 시작한다. 아, 어쩌나. 여름 한낮에 시원한 빗줄기라니. 저렇게 신나게 쏟아지면 내 엉덩이가 가만히 있지 못하는 거 알면서. 나는 유리창에 뽀얗게 입김이 서리도록 얼굴을 가까이 가져간다. 하늘을 보고, 저 빗줄기를 어쩔 거나, 땅을 보고, 저 물줄기를 어쩔 거나 한다. 마음은 빗속으로 달려가 머리도 적시고 옷도 적시고 흐르는 물에 발도 적신다.

내 아이들이 어렸던 어느 여름, 오늘 같은 날이 있었다. 비가 어찌나 많이 내리던지 대낮인데도 캄캄했다. 이 방 저 방 등불을 켜고 흩어져 있던 아이들을 불러 모았다. "엄마가 산책하려고 해. 산책 다녀와서 핫초코 한 잔을 마시려고 하는데 같이 갈래?" 하며 아이들의 눈을 보았다. "비가 오는데?" 하고 아이 하나가 말하기에 "그래서 가는 거지."라고 했더니 세 아이 얼굴에 미소가 우산처럼 펴졌다.

현관에서 화장실 앞까지 수건을 깔아놓고 우리는 산책하러 나갔다. 슬리퍼를 신고 우산을 하나씩 쓰고 빗속으로 뛰어들었다. 십 미터도 못 가서 등허리가 젖었다. 내가 우산을 뱅그르르 돌리자, 빗물이 사방으로 튀었다. 아이들도 소리를 지르며 들고 있던 우산을 돌렸다. 나중에는 우산을 접고 발로 물을 튀기며 비 싸움을 했다. 우리는 한 손에는 접은 우산을 다른 손에는 신발을 들고 빗물 흐르는 동네를 맨발로 돌아다녔다. 돌림 노래까지 부르면서….

아파트 입구에서 머리카락이며 셔츠며 바지에서 뚝뚝 떨어지는 빗물을 두 손으로 꼭 짠 후 집으로 갔다. 미리 펼쳐놓은 수건을 징검다리 삼아 화장실로 차례차례 들어갔다. 나는 대충 먼저 씻고 나와 물을 끓였다. 세 아이는 샤워하면서도 한바탕 깔깔대며 즐거웠다. 아이들이 젖은 몸에 수건을 두르고 거실로 나왔을 때, 나는 따뜻한 핫초코를 한 잔씩 아이들 손에 들려주었다. 비는 계속 유리창을 때리며 흘러내리고 있었고, 하늘은 여전히 물이 넘쳐 보였다. 자유롭고 즐거운 특별한 날이었다.

유리창 밖의 빗줄기를 보니 자꾸만 몸과 마음이 들썩들썩한다. 학생은 공부하는데, 선생인 나는 밖으로 나가고 싶어 마음을 창밖 빗줄기 속에 세워둔다. 출입문을 열어보니 학원 입구 아래로 물줄기가 세차게 흘러간다. 영락없는 개여울이다. 나는 졸다가 퍼뜩 일어나 가스 불 끄러 가는 엄마처럼 교실로 몸을 돌려 들어온다.

"너희들 종이배 접을 줄 아니?"

아이들은 공부하다 말고 뭔 남의 다리 긁는 소린가 하는 표정으로 나를 본다. 누구도 종이배를 접어본 아이가 없다. 세상에, 종이배를 접을 줄 모르다니. 나는 종이를 나누어 주고 종이배 접는 법을 알려 준다. 아이들이 영문도 모르고 하던 공부를 멈추고 종이배를 접는다. 종이배를 띄울 거라고 하니 아이들

표정이 다시 텅 빈 도화지 같다. 한 아이가 종이배를 어디에 띄우느냐고 묻는다. 나는 학원 문을 연다. 아이들이 고개를 내밀고 밖을 본다.

학원 출입구 바로 아래로 물줄기가 세차게 흘러간다. 물줄기는 학원을 지나 흘러가다 옆집 앞에 세워놓은 자동차 바퀴에 걸린다. 반은 자동차 바퀴를 비켜 흐르고, 반은 바퀴에 부딪혀 쿨럭쿨럭 물보라를 작게 피워 올린다. 자동차 뒤로는 급경사다. 물은 빨려가듯 급경사를 따라간다. 학원 맞은편 도로에서 쏟아지는 물줄기와 합쳐지면서 물이 제법 높이 쌓인다. 저 정도면 군함도 뜨겠는걸.

종이배를 물줄기 위에 놓는다. 종이배가 앞으로 가려고 팽팽하게 내 손끝을 잡아당긴다. 종이배에서 손가락을 떼자 하얀 종이배가 쏜살같이 물줄기를 따라 흘러간다. 자동차 바퀴 옆을 통과하고 맞은편에서 흘러와 합해진 급물살을 견디며 언덕 아래로 빠르게 흘러간다. 아이들의 숨소리가 물줄기보다 더 격하게 들린다. 아이들이 더 이상 참기가 힘들었는지 함성을 지른다.

서로 종이배를 먼저 띄우겠다고 아우성이다. 누군가 순서를 정하자고 하더니 곧 가위바위보를 한다. 맨 꼴찌가 된 경민은 인상을 찌푸리며 자신의 종이배를 만지작댄다. 승리가 허리를 숙여 종이배를 물 위에 올린다. 긴장된 표정을 짓는가 싶더니 종이배에서 손을 뗀다. 순간 종이배가 달린다. 잘 가는가 싶더니 순식간에 자동차 바퀴에 부딪혀 흩어지는 물보라를 맞아 전복된다. 모두 안타까운 한숨을 쉰다.

다음 아이가 종이배를 물줄기 위에 올린다. 약간 기우뚱한 종이배는 출렁출렁 흘러간다. 기울어진 채 용케도 타이어에 부딪혀 터지는 물 덩어리도 피하고, 자동차를 지나 합류된 물줄기도 잘 이겨내고, 언덕 아래로 흘러간다. 정말 잘 간다. 언덕 너머로는 보이지 않는다. 아이들이 함박 웃으며, 집에 가서 다시 종이배를 띄워야겠다고 한다. 비가 계속 많이 와야 할 텐데 하면서, 싫다 하던 비가 계속 내리기를 바란다.

눅눅한 느낌, 축축한 옷, 거추장스러운 우산 때문에 비를 싫어하는 이가 많다. 오죽하면 궂은 날이라 하겠는가. 하지만 어차피 내리는 비를 즐길 줄만 안다면, 해 뜨는 날만큼 비 오는 날도 좋은 날이 될 것이다. 비 맞을 자유를 선택하고, 눅눅하고 축축한 느낌을 당연하다 여기고, 종이배 띄우는 재미에 기꺼이 참여한다면.

비 맞는 것이 부담스럽다면 손안에 따뜻한 차 한 잔을 들고 창가에 앉아, 유리창에 흘러내리는 빗물의 수다를 듣거나, 땅에 피는 물 꽃밭을 감상할 수도 있다. 기와지붕이 있다면 낙수를 즐기고, 작은 정원이 있다면 제 무게만큼 비를 받아내는 풀잎의 손짓을 즐길 수도 있으리라.

올해는 장마가 늦게 오더니, 번개를 동반하고 폭우를 쏟아내며 보름을 훌쩍 넘긴다. 덕분에 실컷 즐기고 있다. 종이배가 어디까지 갔을까. 물줄기 따라 흘러 흘러 수영강에 다다른 후 바다로 갔으려나…. 종이배가 흘러간 시간은 소나기처럼 짧은데, 여운은 장마처럼 길다.

명화극장

빠암빠 빰빠바바아

음악 소리가 들린다. 명화극장 오프닝 음악이다. 나에게 그 음악은 항상 깊은 밤이다. 최면에 걸린 듯 나는 깊고 고요한 밤으로 빨려 들어간다. 시골의 밤은 까맣고 깊다. 달도 별도 없는 밤이면 눈을 떠도 감은 것 같다. 시골에 밤이 내려오면 세상의 모든 소리가 잠들고 사람도 모두 잠든다. 천정을 내달리는 쥐와 마루 밑의 개만 깨어 있다. 그리고 한 사람이 깨어 있으니, 바로 나다.

일요일 밤, 일곱 살이던 나는 까만 어둠 속에 마루를 지나 마당을 건넌다. 셋방 사는 희숙의 집으로 간다. 작은 마루를 올라 방으로 들어가면, 키 큰 아저씨와 뚱뚱한 아줌마 그리고 얼굴이 하얀 삼 남매가 한방에서 자고 있다. 아저씨는 항상 텔레비전을 켜고 잔다. 나는 그들 맨 가장자리에 자리를 잡고 앉는다. 일요일 밤이면 내가 주인인 양 홀로 텔레비전을 본다.

명화극장이 시작된다. 오프닝 음악이 흐른다. 깊은 밤, 희숙이네 식구가 깰까 봐 텔레비전 소리를 낮춘다. 낮은 음량일지라도 명화극장 오프닝 음악은 웅장하다. 밖에서 엄마의 목소리가 들린다. 누가 깰까 봐, 쉰 듯 작고 낮은 목소리로 엄마는 나를 부른다. 재촉하듯 협박하듯 한다.

"숙아, 숙아, 얼른 나와. 빨리 나오지 못해?"

엄마의 목소리는 텔레비전 소리보다 크지 않으려고 안간힘을 쓴다. 엄마는 다그치듯 나를 부르지만 나는 안다. 엄마는 희숙이네 방문을 열지 않는다. 달빛에 엄마의 그림자가 창호지문에 어른거리지만 나는 못 들은 척 못 본 척한다. 오로지 텔레비전만 쳐다본다. 결국 엄마는 "집에 오기만 해봐라. 혼날 줄 알아."하고는 사라진다.

우리 집에는 텔레비전이 없어서 툭하면 희숙이네 집에서 텔레비전을 보며 놀았다. 성격 좋은 아줌마는 나를 싫어하지 않았다. 거의 우리 집처럼 드나들었다. 저녁이면 밥도 먹고 텔레비전을 보다 같이 잠들곤 했다. 그러던 어느 날, 한밤중에 깨어 보게 된 명화극장. 내겐 별천지였다. 희숙이네가 미국 LA로 이사 가기 전까지 주말이면 그렇게 명화극장을 차지했다. 명화극장이 끝나면 파란 불빛을 끄고 조용히 우리 방에 돌아와 꿈처럼 잠을 잤으니, 명화극장의 오프닝 음악은 나를 다른 세상으로 이끄는 주문 같은 것이었다.

어렸기에 영화의 많은 부분을 이해하지는 못했다. 지금도 선명하게 기억하는 영화의 장면이 있다. 한 아저씨가 도둑질했다. 이 아저씨가 어떤 여자 집에 들어갔다. 나는 걱정이 되었다. '저 아줌마가 위험해'라고 생각했다. 그 도둑을 본 아줌마는 나의 예상대로 놀랐다. 하지만 곧 둘이 뽀뽀하고 자전거를 타고 놀았다. 도대체 이해가 가지 않았다. 왜 아줌마는 아저씨를 무서워하지 않았던 것일까.

커서 그 영화를 다시 보게 되었는데, 영화는 '내일을 향해 쏴라'였고 그 남녀는 연인이었다. 이처럼 이해 못 하는 영화를 나는 왜 그렇게 신나게 보았을까. 추측하건대, 나와 다르게 생긴 사람들, 아름답고 신기한 이국의 풍경, 성우의 좋은 목소리, 좋은 음악에 빠졌던 것이 아니었을까.

나는 세인, 장고, OK 목장의 결투, 서부의 사나이, 자이언트 등 서부영화를 아주 좋아했다. 정의가 악당을 물리치는 이야기는 항상 통쾌하고 속이 후련했다. 말 달리는 소리는 신났고 총소리는 시원했다. 사춘기 시절엔 서부영화 음악 테이프를 카세트에 꽂아놓고 보낸 날이 많았고, 총잡이와 먼지가 나는 길을 달리는 꿈도 꾸었으니…. 게리 쿠퍼, 록 허드슨, 그레고리 펙을 유독 좋아했다.

명화극장을 보면서 처음에는 모든 사람이 나와 같은 말을 하고 사는 줄 알았다. 영화 속의 사람이 모두 한국말을 했기 때문이다. 조금 자라서는 그것이 더빙이란 것을 알았고, 잠깐 나도 성우가 되고 싶었다. 나와 달리 할머니는 돌아가실 때까지 더빙을 이해하지 못하셨다. 할머니는 영화를 볼 때면 혼잣말처럼 말씀하셨다.

"양놈들이 조선말을 잘하네."

"그게 아니고 저 사람은 영어로 말하는데, 우리나라 사람이 한국말로 바꾸어 대신 말해주는 거예요." 하고 설명을 해드렸다. 할머니는 고개를 끄덕이셨지만 다음 주에는 다시 양놈들이 조선말을 잘한다고 하셨다.

지인은 가끔 나의 성격이 '아메리칸 스타일'이라고 말한다. 내가 대가족의 유교 집안에서 자랐음에도 그런 말을 듣는 것은 아마도 깊은 밤 명화극장을 비롯하여 토요 명화, 주말의 명화 등을 통해 외국영화를 많이 보아서일 거로 추측한다. 그들이 대화를 나누는 방식과 표현하는 방법, 문제를 해결하는 과정이 내게는 좋아 보였고, 여러 면에서 배우고 싶은 것이 많아 유심히 지켜본 때가 많았기 때문이다. 굳이 아메리칸 스타일 같다는 말에 이유를 찾는다면 그렇다는 것이다.

일곱 살 아이는 어른이 되었고, 명화극장은 끝났다. 까만 밤보다 깊었던 명화극장을 기다리던 설렘과 이국의 풍경을 보며 느꼈던 황홀함은 전설처럼 아득하다. 시골 어린아이에게 다른 세상을 열어 주었으며, 아무도 가르쳐 주지 않은 것을 가르쳐 주고, 보이지 않는 세상을 꿈꾸게 한 명화극장. 덕분에 나의 어린 시절은 무한히 넓었고 나는 행복했다. 그래서일까, 명화극장의 오프닝 음악이 들리면 나는 일곱 살의 깊은 밤으로 빨려 들어가며 다시 영화 같은 꿈을 찾아 마당을 건넌다.

최후의 보루, 질문

내가 상상했던 것보다 인공지능의 시대가 앞당겨지고 있다. 인공지능을 활용한 앱을 몇 개 사용해 보고 나서, 어찌나 유용하던지 감탄을 쏟아내고 말았다. 인공지능은 인간이 예상한 것보다 더 빠르고 더 똑똑하게 진화하고 있다. 인공지능이 만든 예술 작품을 보면 창의성도 인간의 전유물이라고 주장하기가 무색할 지경이다. 인공지능이 스스로 학습하면서 똑똑해지는 과정을 보며, 앞으로 세상이 어떻게 변할지 상상되지 않아 좋아해야 할지 걱정해야 할지 잘 모르겠다.

아이로봇(I, Robot, 2004)이란 영화가 생각난다. 아이로봇은 아이작 아시모프의 동명 단편소설을 기반으로 만든 영화다. 영화 속의 시간은 2035년, 로봇이 현재의 청소기처럼 일반 가정용품이 된다. 인간에게 봉사하도록 프로그래밍 된 로봇을 인공지능인 '비키'가 지배한다. 인공지능 비키는 데이터를 통해 인간이 전쟁, 환경오염 등으로 지구에 해악을 끼치는 존재라고 결론을 내린다. 지구와 인류의 멸망을 막기 위해서는 논리적인 로봇이 인간을 통제해야 한다며, 인공지능인 비키가 로봇을 통해 인간을 지배하려고 한다. 영화는 그 과정에서 벌어지는 이야기다.

영화는 기술의 발달이 인간에게 유리하기도 하고 불리하기도 한 면을 보여주며, 인공지능의 발달에 따른 잠재적 위험에 대해 경고한다. 우리가 기술을 발달시키고 사용하는 데 있어서 신중해야 하고, 그 사용 범위를 정하는 데 있어서 윤리적 의미를 고려해야 한다고 말한다. 또한 로봇과 인간의 공존을 위한 사회적 시스템을 어떻게 마련하고 관리할 것인지에 대한 물음을 던지고 있다. 그 영화를 볼 때만 해도 먼 미래의 일이라고 생각했고, 영화가 던지는 질문은 차차 준비해야 할 것이라고 여겼다.

최근에 집안일을 배우는 로봇을 동영상으로 보았다. 로봇은 계란을 깨뜨리지 않고 쥘 수 있고, 계란프라이를 하며 각종 음식을 만들었다. 로봇에게 가사를 오십 번만 반복해 주면, 아이가 어른한테 배우듯 스스로 배워서 가사를 할 수 있단다. 한 로봇이 음식 만드는 일을, 다른 로봇이 청소하는 법을 배우는 식으로 수백 개의 로봇이 각자 한 가지씩 일을 익힌 후, 배운 정보를 공유하면 한 로봇이 하루에 수백 가지의 일을 동시에 배우게 된단다. 정말 기적 같은 일이 아닌가.

로봇이 스스로 학습하는 과정을 보고, 영화에서 던진 여러 가지 문제가 미래가 아니라 지금 당장 우리에게 닥친 문제라는 것을 깨달았다. 인공지능이 지구와 인간과의 관계를 탐색하다 보면 어쩌면 영화 속의 인공지능인 비키가 내린 결론에 도달할지도 모른다는 걱정이 인다. 넘쳐나는 쓰레기, 환경오염, 자원 고갈, 심지어 핵 위험까지. 내가 만들어내는 재활용 쓰레기는 한 주가 지나기도 전에 커다란 통에 가득 찬다. 내가 쓰는 기름과 전기와 물의 양도 적지 않다. 나 하나도 이러한데 몇십억 인구가 쏟아내고 소비하는 것들은 도대체 얼마큼일지. 이런 데이터를 인공지능이 분석하면서 어떤 결론에 이를지 정말 궁금하다.

1.5kg의 인간의 뇌는 그저 인간 신체의 일부로서 고깃덩어리에 지나지 않을지도 모른다. 그러나 그 뇌로 인간은 생각하고 상상하고 기쁨과 슬픔을 느끼며 감탄한다. 뇌의 작용이 없다면 인간을 인간이라고 할 수 없고, 만물의 영장이라고 우쭐대지도 못했을 것이다. 이제 인간의 뇌가 하는 많은 일을 인공지능이 대체하고 있다. 뇌뿐만 아니라 몸까지. 그것도 빠르고 정확하게 일을 처리한다. 게다가 지치지도 않는다. 머리도 나쁘고 인공지능에는 문외한인 데다가 돈도 없어서 로봇도 못 사는 내가 앞으로 어떻게 살아갈 수 있을지 사뭇 두렵다.

인간이 인공지능보다 그나마 잘할 수 있는 것은 질문의 영역이 아닌가 싶다. 인간은 무엇인가, 삶이 주는 의미는 무엇인가, 가치 있는 인생은 어떤 것인가와 같은 질문을 하며 살아왔다. 이제 인간이 인공지능과 공존하기 위해 무엇을 어떻게 해야 할까, 기계는 무엇을 원할 것인가와 같은 질문으로 그 대상과 방향이 달라져야 할 듯하다. 어쩌면 이미 인공지능이 질문의 영역까지 접수하고 있는지도 모르겠다. 지금 인공지능은 인간이란 무엇인가, 인간은 지구에 필요한가, 인간이 존재할 이유가 있는가를 묻고 답을 찾고 있는지도 모른다.

산타할아버지는 언제 오려나

올해도 어김없이 크리스마스이브가 돌아왔다. 나에게는 예수님보다 산타할아버지가 더 생각나는 날이다. 어릴 적, 우리 집에서 교회에 다니는 사람은 나 혼자였다. 우리 가족은 크리스마스나 산타할아버지 같은 것에는 관심이 없었다. 나 혼자만 크리스마스와 산타할아버지를 기다렸다. 크리스마스트리도 내가 앞산에서 직접 잘라 온 소나무로 꾸몄다. 용돈을 모아 반짝이를 사고 ,다음 해에는 방울을 사면서 해마다 조금씩 장식을 늘려갔다. 동생들은 신이 나서 함께 했지만, 부모님은 한 번도 크리스마스트리 꾸미는 것에 관심을 두지 않았다.

크리스마스이브엔 '부디 산타할아버지가 트리 아래에 선물을 두고 가기'를 기도하듯 소원하면서 잠들었다. 나는 착하다는 말을 많이 들었기에 산타할아버지도 분명히 알 줄 알았다. 산타할아버지가 착한 아이에게 선물을 준다는 말이 어린 내게는 신앙이었고, 나는 당연히 선물을 받으려니 했다. 크리스마스 아침에 나는 일어나자마자 내복 바람으로, 잽싸게 거실로 갔다.

크리스마스트리 아래에는 아무것도 없었다. 산타할아버지는 다녀가지 않았다. 한 해, 두 해, 해가 바뀌어도 산타는 우리 집에는 얼씬도 하지 않았다. 나름대로 착하게 살았던 것 같은데, 울면 안 된다고 해서 눈물도 많이 참았는데, 왜 우리 집에는 산타가 오지 않을까. 속상했다. 내복 바람으로 추운 줄 모르고 서서 울 듯 말 듯 입을 꼭 다물고, 찰랑대는 눈망울로 트리를 한참 동안 쳐다보았다. 섭섭한 것인지 억울한 것인지, 원망어린 그 마음을 어떻게 표현해야 할지….

교회에 가면 아이들은 곰 인형이나 목도리, 색연필 등 산타할아버지에게 선물을 받았다며 자랑했다. 선물을 받지 못한 나는 부러움과 설움에 말없이 아이들을 바라보았다. 매번 내가 착하지 않아서 그런가보다고 생각했다. 누군가 내게 산타의 선물이 없다는 것을 알면, 내가 착하지 않아서라고 흉을 볼 것 같아 선물이 집에 있는 척하며 크리스마스를 보냈다.

작은 인형 하나 받고 싶었다. 작은 빗으로 금발 머리도 빗겨 주고 옷도 만들어 입히는 그런 인형 하나를 갖고 싶었다. 아니면 텔레비전에서 보았던 움직이는 기차도 좋았다. 작은 기차가 8자 모양의 기찻길 위를 뱅글뱅글 돌아다니는 모습은 무척 멋져 보였다. 예쁜 소꿉도 꿈꾸었다. 프라이팬도 있고 찻잔도 있는 소꿉놀이 세트를 받으면 매일 재미있게 지낼 수 있을 것 같았다. 곰 인형도 좋고 색연필이나 책 한 권도 좋았다. 그것이 과분하다면 과자 한 봉지도 좋은데…. 그게 뭐 그리 힘든 일이라고 산타는 내게 아무것도 주지 않았을까.

열두 살이 되어서야 산타할아버지가 부모라는 것을 알았다. 산타할아버지에게 서운했던 마음이 부모님을 원망하는 마음으로 변했다. 어느 날 아버지에게 크리스마스 선물을 왜 주지 않았느냐고 항의했다. 제사를 모시고 농사를 짓는 시골 사람에게 크리스마스란 특별한 날이 아니었다. 그러니 산타의 선물이 없을 수밖에. 뭘 그런 걸 신경 쓰냐는 아버지의 대답에 나는 영영 산타할아버지의 선물을 받는 아이는 못 되겠구나, 나는 영영 착한 아이가 되기는 틀렸구나 하는 절망감을 느꼈다.

세월이 가면서 한 번도 산타할아버지인 적이 없었던 부모님을 원망하는 마음은 가셨지만, 선물을 기다리고 다른 아이의 선물을 부러워했던 마음은 얼룩처럼 여전히 남았다. 그래서였는지 내 아이들에게는 크리스마스 선물을 잘 챙겨 주었다. 트리도 같이 꾸미고, 파티도 했다. 어릴 적에 내가 받고 싶었던 것을 내 아이들에게 선물로 주었다. 아쉽게도 아이들이 산타가 누구인지 빨리 알아채는 바람에 산타할아버지는 오래 다녀가지 못했다.

내 아이들은 매년 왔던 산타를 더 이상 기다리지 않는다. 그런데 나는 한 번도 오지 않았던 산타를 해마다 기다린다. 이번에는 오려나, 행여 선물을 주고 가려나 기다린다. 물론 기다려봤자 헛수고인 줄 알기에, 내가 나에게 선물을 주며 달랜 적도 있었다. 하지만 내 안에 있는 어린 나는 그건 가짜라며, '재숙에게 산타할아버지가'라고 적힌 진짜 선물을 기다리겠다는데 어쩌겠나.

자라지 않는 마음속 어린아이는 어쩌면 올해도 실망할지 모르겠다. 크리스마스 아침이면 중얼대겠지. 울지 않고 착하게 살면 내년엔 혹시 오려나…. 산타할아버지가 오는 날에는 기다림이 마중을 나간다.

손톱깎이

손톱을 깎아야겠다. 손톱깎이를 가지러 간다. 침대 옆에 있는 탁자의 맨 위 서랍 오른쪽에 있다. 나만 사용하는 손톱깎이다. 결혼 전에 내가 다니던 직장 거래처에서 수출용으로 만든 것인데, 그곳 사장님이 선물로 주었다. 손톱깎이를 담은 상자라거나 주머니도 없이 달랑 그것 세 개를 주었는데, 그 모양이 밋밋하고 심심해 보여 아무렇게나 서랍에 두었었다. 어느 날 손톱 가장자리가 자꾸만 옷에 걸리적거려 그 손톱깎이가 생각나 사용했다. 손톱깎이를 본 김에 손톱이나 자르지 싶어 손톱을 자르는 데, 어라! 잘린 면이 아주 말끔했다.

이전에 쓰던 대부분의 손톱깎이는 손톱을 자르고 나면 손톱 잘린 면이 까슬까슬하여 옷이나 살갗에 걸리적거렸다. 그래서 얇은 줄로 살살 다듬어 주어야 했다. 간혹 외국에 다녀온 지인이 선물로 손톱깎이를 주곤 했다. 그것은 대부분 모양이 남달랐다. 손톱깎이 색깔은 금색인 데다가 손톱깎이 머리 부분에는 유명브랜드 로고가 새겨 있고, 손잡이 끝에는 장식이 있었다. 가죽으로 된 케이스는 고급지고 근사했다.

그 손톱깎이의 손잡이를 눌러서 손톱을 자르면 '찰칵'하는 소리를 내며 공이 튀어 오르듯 손잡이가 살짝 튕겨 오른다. 어린아이가 대단한 일을 하고 의기양양해하는 것처럼 생색을 내는 모양새다. 덩치는 큰 데 소리나 움직임은 경박하다. 자른 면은 투박하고 손톱 끝이 갈라졌으며, 마치 페이스트리 빵처럼 손톱을 켜켜이 나누어 놓기도 한다. 잘린 손톱은 어디론가 날아가 버려 두리번거리며 찾고는 했다. 유명브랜드의 것이어서 나의 실망은 이만저만이 아니었다.

내 손톱깎이는 작은 기업에서 OEM으로 수출하던 것이라 손톱깎이에는 상표가 새겨 있지 않다. 그냥 밋밋한 스테인리스 제품으로 색깔과 모양이 특이하지도 않거니와 특정 표식과 예쁜 장식도 없다. 손잡이 끝에 줄이 세 개 그어진 것이 장식이면 장식이랄까, 그뿐이다. 외양과 달리 나의 손톱깎이는 소리부터 남다르다. 손톱을 자르면 '톡' 하고 짧고 단호한 소리를 낸다. 손톱 자르느라 힘들었다며 허리 펴는 소리도 안 낸다. 그냥 단순하고 깔끔하게 손톱을 자르고는 조용하게 제 모양으로 돌아온다.

잘린 손톱은 명품 손톱깎이와 달리 사방으로 튀지 않는다. 캥거루가 제 새끼를 품듯 날과 날 사이에 자른 손톱을 가지고 있다. 내가 손톱깎이를 기울여 털면, 손톱깎이는 그제야 자신이 이룬 성과를 살며시 떨군다. 자른 면이 깔끔해서 까슬거리지도 않고 손톱을 켜켜이 나누어 놓지도 않는다. 그냥 자기 할 일을 야무지게 해놓아서 뒷손이 필요하지 않다. 손톱을 자르고 나면 매번 '너, 정말 훌륭하다.'며 칭찬한다. 화려한 케이스에 로고와 문양이 새겨져 있고 값이 비싸다고 명품이 되는 것은 아니었다.

물건만 그런가. 사람도 그렇다. 내가 아는 명품인 사람이 있다. 그 사람은 아무 때나 연락을 주어도 밥 사주고 술 사주고 싶다. 어쩌다 그가 사는 게 힘들다고 한탄해도 그 사람이 건너는 고난의 강조차 맑아 보인다. 무엇을 주어서도 아니고 나누어서도 아니다. 왜 그가 명품인지, 별다른 이유가 떠오르지 않는다. 사회적으로 명성을 얻은 사람도 아니고 큰 업적을 남긴 사람도 아니다. 뛰어난 외모에 재주를 가진 것도 아니다. 그런데 나는 그가 늘 명품 같다. 아니 그 이상이라고 생각한다.

밋밋하고 평범한 사람, 상처도 많고 새침하기도 한 그 사람은 어느 순간에도 앞으로 튀어나오지 않는다. 솟아오르지 않는다. 말 뒤에 숨긴 그늘도 없다. 세상을 보는 시선이 곱고 상냥하다. 그이랑 있으면 편안하고 안심이 된다. 눈물을 보이고 나의 치부를 드러내거나 유치하게 누구 흉을 보아도 편안하다. 그와 만남 뒤에는 진짜 명품 같은 OEM 손톱깎이처럼 까실까실하거나 여기저기 걸리는 마음이 남지 않는다. 문득 '그가 착하다' 하는 생각이 스친다. 문득 명품 인간의 핵심은 착함인가? 물음표를 던져 본다.

최근에 그 사람이 호주에 갔다. 여러 달 여행하고 오겠다니 당분간 못 보겠구나 하여 마음이 허전했다. 그이가 호주에 도착하자마자 SNS로 연락을 해주었다. 예전처럼 먼 곳의 사람을 무작정 기다리고 그리워하는 시대는 아니구나 싶어 다행스럽게 여겼다. 그다음 날도 전화를 주고 그다음 날도 아침 안부를 주었다. 한 시간 정도 한국보다 빠르다며, 여기 시간으로 일곱 시쯤에 그와 고운 대화를 마치면, 나도 모르게 사람 참 진국이네, 명품이네 중얼댔다. 그와 인연을 맺고 있는 것이 황송했다.

일상을 잘 살피면 명품이 꽤 많다. 노란 손잡이의 감자깍이도 그랬다. 어찌나 감자껍질을 얇고 섬세하게 잘 깎아대던지. 십 년 동안 사용하다가 그것이 낡았나 싶어 좀 더 비싼 돈을 주고 다른 감자깍이를 산 적이 있었다. 새로 산 것은 날은 잘 들었지만, 감자껍질이 두껍게 잘려 나갔으며 움직임이 투박했다. 노란 손잡이만 하지 못했다. 그래서 새것을 두고 헌것을 계속 사용하였다. 그러다 보니 이십 년 세월이 지났고, 끝내 손잡이가 부서져 버렸다. 지금도 감자나 당근의 껍질을 벗길 때면 그 감자깍이를 그리워하곤 한다.

그 외에도 비싼 명품 로고가 붙어있지는 않지만 내 삶을 풍요롭게 하는 명품이 제법 있다. 자주 쓰는 볼펜과 연필꽂이에 있는 지우개 달린 연필, 동네를 나갈 때면 항상 들고 나가는 작은 가방, 이십 년째 사용하고 있는 주황색 집게 머리핀 등. 그러고 보면 이것은 필요한 순간에 더도 말고 덜도 말고 이름만큼 제 역할을 깔끔하게 잘 해낸 것들이다. 문득 나도 명품인 구석이 있지 않으려나 기대하며 살펴본다. 제 역할을 반듯하게 해내는 손톱깎이처럼, 나도 누군가에게, 어딘가에서 잠깐이어도 좋으니 그런 존재이면 좋겠다.

밥의 완성기 1

쌀이 왔다. 내 고향 경기도 연천의 쌀이다. 고향에 가본 지 오래되었다는 나의 혼잣말을 듣고, 고향을 가져다주겠다며 남편이 주문했었다. 쌀을 씻어서 솥에 안쳤다. 마음이 편해지는 푹신한 김이 오르고, 구수한 웃음 같은 냄새가 났다. 밥이 다 되었다.

솥뚜껑을 여니 '좌아' 하는 소리가 들린다. 감동적인 노래가 끝난 뒤, 관중들이 미처 박수를 치는 것도 잊고, 감탄이랄까 아쉬움이랄까 그런 숨소리를 내는 것 같다. 흩어진 김 사이로 소복하게 오른 밥 언덕이 보인다. 어린아이가 아장아장 걸어 올라가고, 걸음 느린 할머니가 뒷짐을 지고 느릿느릿 뒤를 따라가도 숨차지 않을 만큼 소복하다.

갓 지은 밥, 내가 세상에서 제일 좋아하는 음식이다. 갓 지은 밥을 마주할 때마다 좋아하는 남학생과 마주친 기분이다. 나는 밥과 누룽지 사이에 있는 부분을 제일 좋아한다. 깊은 곳에 묻힌 보물을 마주한 느낌이랄까, 환희롭다. 주걱으로 떠서 손끝으로 살짝 집어먹는 그 맛은 산해진미를 덮는다. 밥 먹은 다음 누룽지 끓인 숭늉은 또 어떤가. 누구에게도 양보하고 싶지 않은 그 구수함을 어찌 커피에 비교할 수 있으랴.

평생을 먹은 밥인데도 여전히 맛있는 것이 신기하다. 입맛이 없을지언정 밥맛이 없던 적은 없었다. 밥은 나의 허기진 배를 채울 뿐만 아니라 공허한 마음도 채운다. 외롭고 마음이 헛헛할 때 밥을 먹으면 왠지 혼자가 아닌 것 같고, 슬플 때 밥을 먹으면 위로를 받은 듯 힘이 난다. 밥은 나를 키우고 살리고 채운다. 밥은 탄수화물로 이루어져 있다는데, 어쩌면 내가 모르는 영양소가 더 있는 것이 아닐까.

고등학교 2학년 때였다. 우리 학년은 농번기를 맞아 학교 인근의 논에서 모내기 일손을 돕고 있었다. 함박눈이 내렸다. 오월 열이렛날에 함박눈이라니! 유달리 날이 차갑고 날씨도 흐려 비가 오려나 싶었는데 눈이 내린 것이다. 우리는 일손을 멈추고 탄성을 질렀다. 물이 차가워 손발이 시리고 추웠지만, 하얀 눈발을 등에 지고 모내기하는 우리는 즐거웠다.

두 친구가 논을 가로질러 양쪽 끝에 앉아 못줄을 잡았다. 우리는 나란히 한 줄로 서서 왼손에 벼 모를 한 움큼씩 쥐었다. 오른손의 엄지, 검지, 장지 세 손가락으로 네다섯 포기 정도 떼어내어, 손가락으로 논바닥에 구멍을 내는 동시에 모를 심었다. 쿵작쿵작 옆의 친구들과 박자를 맞추었다. 못줄 속도에 맞추기 위해서 내 일 네 일 구분 없이 일했다.

벼가 훌쩍 자란 여름에 비가 억수로 오면, 낮이든 밤이든 아버지는 논으로 가셨다. 짙은 카키색 우비를 입고, 까만 장화를 신고, 삽을 든 아버지의 뒷모습이 생생하다. 농부의 발소리를 듣고 농작물이 자란다고 했다. 아버지의 발소리에 벼가 자라고 영글어 누렇게 고개를 숙이는 가을이 오면, 벼는 낫으로 베어져 한 단 한 단 묶였다.

볏단은 우리 마당 끝에 쌓였다. 지붕만큼 높았다. 새벽 다섯 시부터 너른 마당에 백열등이 켜지고 탈곡기가 돌아갔다. 아저씨들은 목에 먼지가 들어갈세라 수건으로 단단히 동여매고,

머리에도 모자를 쓰거나 수건을 둘러썼다. 온종일 탈곡기로 벼 터는 소리가 시끄러웠다. 탈곡기는 마당에 오십여 가마니의 벼를 쌓아놓은 후 늦은 밤에야 조용해졌다. 털린 벼는 멍석에 뿌려져 종일 가을 해걸음을 따라갔다. 오후 네 시경이 되면 멍석의 벼를 거두어들였다. 그 일은 나와 동생들의 몫이었다.

멍석의 끝을 잡고 들어 올려 가운데로 벼를 모은 후, 쓰레받기로 벼를 떠서 가마니와 자루에 담았다. 벼가 들어 있는 가마니와 자루를 낑낑대며 대문 안으로 옮겼다. 멍석은 돌돌 말았다. 내 키보다 훨씬 큰 멍석을 안았다. 고개를 숙이고 나에게 온몸을 맡긴 멍석을 질질 끌다시피 하여 집안으로 데려갔다. 매일매일 힘들었다. 어린 마음에 벼농사를 안 했으면 좋겠다고 소망했다. 가을 햇살을 멍석에 돌돌 말아 저장하느라 나의 가을 오후는 그 누구의 것보다 짧았다.

말린 벼는 방앗간에서 쌀과 겨로 나뉘었다. 등겨는 겨우내 지푸라기와 섞여 누렁소의 밥이 되었다. 왕겨는 내 어릴 적에 베고 잠들었던 베개의 속이 되었다. 뽀드득뽀드득, 돌아누울 때마다 베개에서 눈 밟는 소리가 들렸다. 나머지 왕겨는 대문 밖 마당 귀퉁이에 쌓아두고 불을 놓았다. 왕겨는 봉우리에서 작은 연기를 조심스레 피울 뿐 불꽃 없이 까맣게 타들어 갔다. 나는 그 안에 고구마를 묻었다. 오며가며 생각날 때마다 꺼내 먹었다. 이웃도 지나다가 뒤적뒤적하여 꺼내 갔다. 뭐라 하는 이가 없었다. 까맣게 탄 재는 다음 해에 논과 밭에 뿌려져 농작물을 위한 거름이 되었다.

벼는 사람뿐만 아니라 짐승도 살리고 자연도 살리는 숭고한 식물이다. 줄기부터 알맹이, 그 알맹이의 껍질까지 버릴 것이 하나도 없다. 하늘과 땅이 키우고 사람이 돌본 벼의 알맹이. 그 알맹이 한 톨 한 톨이 따뜻한 밥이 되어 매일 내 앞에 놓인다. 밥을 한 숟가락 떠서 오물오물 천천히 씹는다. 햇살과 바람이 알갱이로 씹힌다. 밥에서 탄수화물보다 더 달콤한 고향이 통째로 터진다. 오월의 함박눈, 아버지의 발소리, 어린 소녀의 가을 오후가 쏟아져 나온다. 어찌 배가 안 부르고 마음이 안 부를까! 오늘도 밥이 나를 살린다.

씀바귀는 달다

씀바귀가 시장에 나왔다. 한 움큼 샀다. 초고추장 양념을 해서 무쳤다. 첫맛은 양념 덕분에 새콤달콤 매콤했다. 씹을수록 쌉싸름한 맛이 가득하더니 뒷맛은 오히려 향긋하고, 달큼한 침이 입안 가득 채워졌다. 씀바귀 덕분에 입안이 박하사탕을 먹은 것처럼 시원해졌다.

식구들에게 씀바귀 무침을 먹어보라 하니 아이들은 아예 젓가락을 가져가지도 않았다. 성의를 생각해 달라는 나의 재촉에 조금 맛을 보더니 인상을 찌푸렸다. 남편도 조금 먹더니

"솔직히 너무 쓰다."라고 했다. 나는 "왜, 맛있지 않아?" 하며 씀바귀를 한 젓가락 가득 떠서 내 입에 넣었다. "난 일곱 살 때도 먹은 기억이 나는데." 나는 씀바귀를 씹으며 말했다. "엄마, 어린아이가 이걸 어떻게 먹어요?" 하고 아이들이 물었다. "일곱 살짜리가 이걸 우째 먹었노?" 하며 남편도 물었다. 결국 나 혼자만 신이 나서 씀바귀 무침을 다 먹었다. 문득 그런 생각이 들었다. 정말 어린 아이가 무슨 맛으로 이걸 먹었을까?

어린 내가 어떻게 씀바귀를 맛있게 먹었을까? 하는 궁금증이 종일 붙어 다녔다. 처음엔 내게도 씀바귀가 무척 썼을 텐데 무슨 맛으로 씀바귀를 좋아했으려나. 설거지하다가, 청소하다가, 일하다가 '씀바귀' 세 글자에 일손을 멈추었다. 그러다 언뜻 아버지의 목소리를 들었다. '어이구, 우리 숙이는 아빠 먹는 건 다 좋아해. 나를 닮았어. 허허허.' 아버지의 목소리에 풍경 하나가 따라 나왔다.

동생은 어릴 때 자주 요에 지도를 그렸다. 요에 낯선 대륙이 생기는 날이면 어머니는 동생의 밥그릇을 밥상에서 치워버렸다. 세탁기도 없던 그 시절, 이불 빨래는 홑청을 뜯어 삶고 다듬이질까지 해야 하는 큰일이었으니, 어머니는 화가 날 만했다. 살벌한 분위기에 밥숟가락 들기가 눈치 보일 때면, 아버지는 울상이 된 동생을 무릎에 앉혔다.

"우리 막둥이, 오늘은 어디를 그렸나? 독도를 그렸나 제주도를 그렸나?"

아버지의 웃음 가득한 질문에 동생은 독도를 그렸다며 뻔뻔하게 대답하며 웃었고, 아버지의 밥주발에 담긴 밥을 아버지와 나누어 먹었다. 항상 그랬다. 동생이 요에 지도를 그리면 어머니는 야단을 쳤고, 아버지는 동생 편을 들어 주었다. 그날 씀바귀 때문에 알아챘다. 내가 그 풍경을 부러워했다는 것을. 나도 동생처럼 아버지의 사랑을 듬뿍 받고 싶었다는 것을. 온전히 편들어 주는 아버지 무릎에 앉아 나도 아버지의 밥을 먹고 싶었다는 것을.

나는 아버지 무릎에 앉은 기억이 없다. 부모님 옆에서 잠을 자 본 기억도 없다. 갓난아기였을 때는 분명 부모님 옆에서 잠들었겠지만, 기억 속의 나와 부모님 사이에는 항상 동생들이 누워 있었다. 가까이 있던 부모님으로부터 동생이 생길 때마다 조금씩 멀어지는 그 공간을 어린 나는 우주만큼이나 멀게 느꼈을까, 거리만큼 마음도 멀어질까 두려워했을까, 그 거리만큼 나는 외로웠을까.

아버지와 가까이 있었던 몇 가지 기억이 있다. 초등학교 일

학년 때, 학교 가는 길에 넘어졌는데 마침 옆을 지나던 마차에 다리가 깔린 적이 있었다. 집 근처라 아버지가 달려왔고, 아버지 등에 업혀 가까운 의원에 갔다. 주사 맞기 싫다고 칭얼대는 딸의 목소리에 아버지는 무어라 이야기하면서 다급해 했던 것 같은데, 그 다급함이 사랑으로 느껴졌었다. 아버지의 등이 한없이 넓고 포근해서 안심되어 좋았다. 아버지의 따뜻한 등에 오래 업혀 있고 싶은 마음에 의원 가는 길은 너무 짧았다.

대학 때 자취방에 아버지가 온 적이 있었다. 기타 연주회가 있었는데 일부러 딸의 연주를 보러 온 것이었다. 자취방에서 아버지와 단둘이 자게 되었다. 작은 방에 이불 두 개를 깔고 아버지와 약간 떨어져 누웠다. 떨어졌다고는 하지만 방이 작아 한 뼘 거리였다. 그 거리조차 어색해서 이런저런 이야기를 자꾸 꺼내어 담처럼 쌓았다. 잠자리에 누워도 금방 잠이 들지 않는 나는 아버지의 규칙적인 숨소리를 듣고 나서도 한참이나 어색함을 이불처럼 덮고 있었다. 아버지와 단둘이 잠든 유일한 밤이었다.

어릴 적부터 어색하게 느꼈던 부모님과의 거리, 그 거리를 좁혀 보고자 기꺼이 씀바귀도 맛있게 먹었으리라. 아버지는 씀바귀를 맛있게 먹는 내가 대견해서 허허 웃었을 것이고, 나는 아버지의 그 웃음 한번 받고 싶어서 쓴 씀바귀를 야무지게 먹었을 것이다. 아버지는 씀바귀뿐만 아니라 시래기와 눌은밥도 좋아했고 나도 그랬다. 나는 식사 때마다 아버지가 먹는 반찬을 따라 먹었고, 아버지는 내가 당신을 따라 잘 먹는다며 좋아했다. 나는 그런 아버지의 웃음이 좋았다. '나를 닮았어.' 하는 말도 좋았다. 아버지의 웃음에 거울처럼 웃고 있는 어린 나를 보았다.

지금도 형제들은 어릴 적 잠자리에 누웠던 순서만큼 부모님과 물리적 거리를 갖는다. 역시 막내가 부모님과 제일 가깝다. 마흔이 넘은 막내는 여전히 아버지 어머니에게 종종종 달려가 팔짱을 끼고 포옹하며 엥긴다. 한 발 떨어져 그 모습을 바라보며 웃는 것은 맏딸인 나이다. 다행스럽게 이제는 몸과 달리 마음의 거리가 멀지 않아 외롭지는 않다.

가끔 주말 저녁에 전화가 온다. 전화를 받자마자 "언니, 아빠 또 울어. 전화 바꿔줄게." 하는 말이 인사 대신 들려온다. "숙이냐? 그래, 온 가족이 다 모였는데 네가 없어서. 보고 싶어서 그러지 뭐냐." 하는 울음 섞인 늙은 아버지의 목소리가 들린다. "됐다. 목소리 들었으니." 하는 아버지의 마무리 인사가 끝나면 동생의 목소리가 이어진다.

"언니, 아빠 때문에 미치겠어. 즐겁게 저녁 먹고 술 한잔하시면 언니만 없다면서 허전하다고 아기처럼 우신다. 빨리 언니가 이사 오든지 우리가 몽땅 부산으로 이사 가든지 해야지 원. 매번 이러셔."

동생은 투덜대면서도 어이없어 웃는다. 나도 매번 눈시울을 닦으며 웃는다. 이제 아버지는 아이가 되어가고, 아버지의 눈물 속에서 어린 나의 마음을 본다.

아버지, 씀바귀가 쓴 적이 없었어요. 항상 달았어요.

2부

여름 산처럼
조금은 하늘을 밀어 올리고

딸의 자취방에서 만난 엄마

딸의 서울살이가 시작되었다. 딸은 주말마다 기거할 집을 찾아 발품을 팔며 돌아다녔다. 부모의 도움 없이 거처를 마련하자니 쉽지 않았으리라. 서울 오래된 동네에서 방 두 칸에 작은 거실이 있는 집을 찾았다. 재개발을 앞둔 동네라서 그런지 내 눈에는 을씨년스러워 보였다. 페인트 벗겨진 담벼락과 불 꺼진 빈집들, 열세 살의 늙은 개와 나이 많은 할머니가 주인인 오래된 슈퍼가 있는 동네였다.

딸은 수십 년 된 나무 창틀을 가리키며 "옛날 우리 할머니

집 같죠?" 하면서 추억 어린 목소리로 동의를 구했다. "정말 그러네, 오랜만이네."라고 대답은 했지만, 마음은 문바람 살바람으로 아이가 춥지 않을까 하는 걱정이 먼저 일었다. "엄마 감나무도 있어요." 하며 딸은 한쪽 창문을 열었다. 주황색 감이 주렁주렁 달린 감나무가 보였고, 그 너머엔 기와지붕이 첩첩했다. 감나무보다는 기와지붕이 나를 사로잡았다. 오래된 기와가 주는 토속적인 분위기와 출렁대는 기와지붕의 곡선이 아름다웠다. "와, 기와지붕이네. 기와지붕에 눈이 쌓이면 푸른 그늘이 생기는데 그게 무척 보고 싶었거든. 눈이 오면 여기 와야겠다." 하고 내가 감탄하니 딸이 손뼉을 치며 웃었다.

"엄마, 집이 괜찮지? 엄마가 맘에 안 들어 하면 어쩌나 했어요. 너무 오래된 집을 구했다고 걱정할까 봐 마음이 조마조마했거든요. 근데 엄마가 햇살이 들어 좋다, 기와가 예쁘다 하니까 내 마음이 편해요."

딸이 애써 방이 넓어서 좋아요, 햇살이 들어와서 환해요, 감나무가 있어서 낭만적이에요, 이런 오래된 골목이 난 좋더라 등등 계속 조잘대던 마음이 헤아려졌다. 엄마가 속상할까 봐 마음 졸이던 그 마음에 오히려 내가 울컥 슬펐다. 딸 때문에 그런 것은 아니었다. 엄마가 실망하고 슬플까 봐 가슴 졸이던 순간이 내게도 있었기 때문이었다.

시부모님과 살다가 분가해서 우리들만의 삶을 시작할 때였다. 집을 구하기에는 모아 놓은 돈이 턱없이 부족했다. 대출도 받고 부모님에게 기대기도 하고 이러저러한 수단을 강구하면 남 보기에 그럴싸한 집을 구할 수는 있었다. 하지만 누구에게도 부담 지우지 않고 스스로 살아내고 싶었다. 열넉 자, 열두 자의 널따란 방 한 칸, 싱크대와 수도가 같이 있는 작은 부엌 그리고 공동으로 쓰는 화장실이 있는, 말도 정겨운 문간방을 구했다. 나이 들어 단칸방살이 하는 것은 서럽겠지만, 아이들이 어렸을 때 한 방에서 오글오글 모여 사는 것은 좋을 것 같았다.

겨울 오후에는 건물과 건물 사이로 도화지만한 햇살이 잠깐 들어왔다. 방바닥에서 햇살은 네모나게 그려지다가 평행사변형이 되어 사라졌다. 햇살이 방안에 들어오면, 아이들과 함께 햇살을 중심으로 빙 둘러앉았다. 햇살에 손그림자로 토끼를 만들고 주전자를 만들었다. 네모진 햇살을 연못 삼아 아이들의 작은 발과 어른의 발을 담가 따스함을 즐겼다. 햇빛에 투명해진 발가락들이 꼼지락대며 맘껏 웃었다.

옆방 언니는 아이들을 예뻐했고 자주 놀아주었다. 담장 너머 이웃 아이 엄마하고 수제비를 끓이고 국수를 삶아 먹으며 고만고만한 아이들을 함께 키웠다. 옆집이며 건넛집까지 음식 담은 그릇이 서로 오가고, 아이들이 뒤섞이며 시끌벅적하게 잘 지냈다. 우리는, 나는 그랬다.

엄마와 동생들이 다니러 왔다. 분가할 때 우리 네 식구 그릇만 준비했기에 친정 식구의 밥그릇 국그릇이 부족하고 컵이 모자라 일회용 용기를 사용하여 밥상을 차렸다.

"돈 모아서 냄비 하나 사고 또 돈 모아서 그릇 하나 사니 재밌지? 사는 게 그런 거야. 하나하나 이루어가는 재미가 진짜 사는 재미지."

엄마 말에 나는 "맞아 맞아. 재밌어."하며 맞장구를 쳤다. 엄마가 속상해할까 봐, 내가 초라해 보일까 봐, 신나게 말하고 크게 웃었다. 엄마의 응원이 내 삶을 더 당당하게 하고 희망차게 했다. 엄마 말대로 앞으로 사는 재미가 무궁무진할 것 같아 가슴도 한껏 부풀어 올랐다.

육 년 후에 햇살을 가득 담은 전망 좋은 아파트를 샀다. 엄마는 확 트인 전망을 좋아했고 너른 베란다를 속 시원해했다. "잘했다, 애썼다."며 엄마는 나의 등을 오래도록 쓰다듬었다. 그릇도 넉넉했고 숟가락도 남았다. 그제야 동생이 전해주었다. 엄마가 단칸방에 사는 나를 보고 가던 그날의 풍경을.

고속열차도 없던 시절, 새마을호를 타고 서울 가는 다섯 시간 내내 엄마는 울었단다. 그것도 대성통곡을 하며 울었는데, 너무 슬프게 울어서 기차 안의 사람들이 차마 아무 말도 하지 못했다고 했다. 나에게는 냄비 하나 사면서 살림 늘려가는 재미가 좋다고 하더니, 정작 당신은 서러워 울었다. 엄마에게는 자랑스러운 딸이었고 어디 내놔도 손색이 없는 자식이기에, 엄마는 내가 부유하게 살 거라 믿어 의심치 않았으리라. 그런 딸이 단칸방살이를 한다니 억장이 무너졌나 보다. 당신의 억장이 무너질지언정 혹여 딸이 상심하고 절망할까 봐 햇살 같은 삶의 희망만 한 보따리 풀어놓고 간 엄마.

자신의 삶을 당당하게 잘 사는 것이 효도라고 생각했다. 하지만 자신만의 삶을 잘 사는 것이 부모님을 평안케 하는 것은 아니었다. 자식이 부모를 생각하는 마음은 얼마나 자기중심적인가. 반면에 부모가 자식을 생각하는 마음은 얼마나 자식중심적인가. 엄마는 당신이 울지언정 딸의 선택을 지지하며 지켜보았다. 자식이 걸어가는 삶의 속도에 당신의 마음 속도를 기꺼이 맞추어 주며 기다려 주었다. 동생으로부터 이야기를 듣고 엄마의 마음을 헤아리던 그날, 내 마음에 눈물이 넘쳐 홍수가 났다. 그 후로도 가끔 마음에 소나기가 내렸다. 엄마에게

죄송해서 그리고 고마워서….

내 딸의 허름한 방을 보았을 때 알 수 없는 마음이 일었다. 화 같기도 하고 슬픔 같기도 하고 미안함이나 원망 같기도 한, 편하지 않은 마음이었다. 그때 엄마가 생각났다. 아, 엄마도 이런 마음이었겠구나. 이해라는 것은 상상이 아닌 체험이다. 엄마가 되어 보니 엄마의 마음을 오롯이 알게 되었다. 딸의 마음도 이해가 되었다.

내 아이도 주어진 환경에서 자신의 삶을 일구며 씩씩하게 살고 있을 터였다. 누구에게도 기대지 않고 스스로 살아내려고, 자신을 믿으며 두 다리에 힘을 주고 삶을 버티고 있을 거였다. 그러면서 자신의 선택이 부족하여 행여 엄마의 마음을 불편하게 한 것은 아닐까 염려하며 눈치를 보고 있을 거였다. 둘러볼 것도 없는 작은 집이지만 나는 꼼꼼하게 살폈다. 햇살도 좋고, 기와지붕도 멋지고, 감나무도 예쁘다, 집이 아늑하고, 동네가 정겹네 했다. 딸은 환하게 웃었고 나는 부산으로 내려오는 차 안에서 울었다. 딸 생각에 울지는 않았다. 엄마 생각에 울었다.

오래 사는 게 벼슬이야

오래 사는 게 벼슬이야? 그렇다. 오래 사는 것은 벼슬이다. 조선 시대에는 팔십 세 이상 노인에게 노인직이란 벼슬을 주었으며, 양천 모두 1급씩 계급을 주거나 올려주었다고 하니, 오래 사는 것이 벼슬이다. 나이가 들어갈수록 오래 사는 게 벼슬이라는 말에 점점 더 격하게 동의하고 싶어진다. 내가 중년을 지나 노인이 되어갈 것이므로, 이 말이 나에게 유리하다고 생각해서 주장하는 것이 아니다. 나이를 먹을수록 오래 사는 것이 얼마나 대단한 일인지 가슴에 생생하게 다가오기 때문이다.

내가 오늘 사는 것이 당연하다고 여기듯 내가 죽는 것도 당연하다. 『파이널 엑시트』란 책을 보면 얼마나 다양한 방법으로 아무 때나 사람이 죽을 수 있는가를 알게 된다. 병에 걸려서, 길을 걷다가, 음식을 먹다가, 설거지하다가, 벼락에 맞아서, 달려오는 자동차에 치여서, 벌레에게 물려서, 건물이 무너져서 등등 우리는 항상 죽을 수 있는 상황에 던져진다. 그런데도 칠십 년을 살고 팔십 년을 살아내고 구십, 백 년을 산다. 촘촘한 죽음의 장애물을 피해서 오늘을 산다는 것은 정말 대단한 일이다.

수 년 전, 십여 명의 아이들과 거창에 물놀이를 갔다. 폭포가 있는 풍광이 좋은 계곡인데 사람들에게 잘 알려지지 않아 한적했다. 아이들은 물고기처럼 뛰놀았다. 작열한 태양 아래 녹음도 지쳐 낮잠을 자던 무렵, 평화롭던 물소리가 소란해지면서 아이들의 왁자하는 소리가 들렸다. 무슨 일인가 싶어 소리 나는 곳으로 가봤다. 남자아이 여섯이 바위에서 뛰어내리고 있었다.

아이들은 널따란 바위 저편에서 달려오다 바위 아래로 몸을 날렸다. 앞으로 날리고 뒤돌아서 날렸다. 다이빙하듯 몸을 던지기도 하고 한 바퀴 허공에서 돌다가 물속에 풍덩 빠졌다. 가끔은 둘이 손잡고 달리고, 누가 멀리 떨어지나 내기도 했다. 출발점에서 아이들은 손을 들고 뭐라고 한마디씩 소리를 지른 후 달렸는데, 그 소리가 씩씩하고 명랑했다.

어릴 적 여름방학이면 너른 들판을 지나 철길을 건너 차탄천으로 멱을 감으러 갔다. 조심조심 천천히 가면 가슴께까지 차는 물을 건널 수 있는, 깊이는 깊지 않지만 폭이 넓은 강이었다. 강 가운데에 큰 바위가 있었는데, 동네 아이들 대부분은 그곳에 올라가 시도 때도 없이 뛰어내렸다. 풍덩! 하는 물소리와 아이들이 터뜨리는 함성은 가볍고 시원했다. 물속에 잠겼다가 '푸'하고 숨을 내쉬며 솟아오르는 아이들의 머리카락은 물풀처럼 푸르렀다. 그 속에 얼마나 섞이고 싶었던가!

오빠를 따라 바위에 올라가 본 적이 있었다. 보기엔 별로 높아 보이지 않더니, 바위에 올라서자, 내 키 때문인지 훌쩍 바위가 솟은 듯 높았다. 바위 아래를 보니 푸른 물이 무척 깊어 보였다. 주춤거리는 내게 오빠와 다른 아이들이 뛰어내리라고 소리를 질렀다. 용기를 내어 뛰어내리고 싶었지만 차마 발이 떨어지지 않았다. 그냥 돌아서서 내려왔다. 그 아쉬움은 패배감이 되어 늘 마음 한편에 남아 있었다.

아이들을 보다가 어릴 적 그 아쉬움과 패배감이 호기심과 용기로 올라오는 것을 느꼈다. 미적미적 아이들 곁으로 다가갔다. 뛰어내릴 것이냐고 아이들이 묻는데 왜 그랬을까, 확고하게 "당연하지." 하고 대답했다. 바위 끝에 섰는데 어릴 적 바위가 이사를 왔는가, 내가 자란 만큼 바위도 자랐는가, 똑같이 높았다. 물은 짙푸르게 깊어 물길 저 아래가 저승 문턱 같았다. 오금이 저려 주춤 뒷걸음질을 치며 뒤를 돌아보는데, 뒤에 줄 선 아이들이 싸움 직전 황소가 발을 구르듯 발을 구르며 차례를 기다리고 있었다. 차마 애들 앞에서 던진 말을 물릴 수가 없었다.

숨을 참은 후 바위 아래로 뛰어내렸다. 물속에 잠겼다. 고요한 소리가 있을까? 꾸룩꾸루룩 소리가 들리면서도 고요했다. 물속에 둥둥 떠 있는 것인지 허우적댄 것인지 오랫동안 우주를 유영하듯 하였다. 아주 긴 시간 같았는데, 아마도 풍덩 물속에 들어갔다가 바로 나온 짧은 순간이었으리라. 물 밖으로 나와 '푸후' 하고 숨을 쉬는데, 죽다 살아난 듯 환희가 터져 나왔다. 아! 이런 거였구나. 경험해 보지 못한 새로운 흥분된 느낌이었다. 그렇게 아이들과 섞여서 여러 차례 바위에서 뛰어내렸다.

마지막으로 한 번씩 뛰어내리고 돌아가기로 했다. 멋지게 달려 이 한 몸 던져보리라. 숨을 들이쉬고 바위 위에서 달리다 끝에서 뛰어내리려던 찰나, 아차, 발이 미끄러졌다. 바로 떨어지면서 아래에 있는 솟은 바위에 엉치뼈를 부딪혔다. 순간 '쩍' 하고 세상이 두 쪽 나는 소리가 들렸다. 나는 첨벙 물속으로 빠져버렸다. 몸은 부서져 흩어지고, 나의 정신은 아득하게 깊은 물속으로 내려갔다. 죽었구나.

물속에서 일어나려는데 일어날 수가 없었다. 허우적대다가 겨우 몸을 가누고 섰다. 걸음은 간신히 걸을 수 있었다. 놀기에 바쁜 아이들은 내 상황을 알아채지 못했다. 다행이었다. 잠시 후에 엉덩이가 붓기 시작했다. 만화에서 꿀밤을 한 대 맞으면 혹이 나오던데, 엉치에 계란만 한 혹이 튀어 올라오는 것을 보고서야 만화가 과장일 뿐 거짓은 아니라는 것을 알았다.

의사는 내가 무사한 것이 기적이라고 했다. 여러 가지로 큰 일 날 뻔했다고…. 이건 신의 은총이 있어야 가능한 일이라고 했다. 그 순간을 돌아볼 때마다 꼬리뼈 주변이 찌릿찌릿하고 온몸에 소름이 번진다. 아찔하다. 신은 왜 나를 멀쩡하게 살려내셨을까. 퍼즐의 한 조각처럼 어떤 색깔이든 어떤 모양이든 내가 인류의 한 조각으로 꼭 있어야 해서 신은 나를 여기에 남긴 것이 아닐까. 내가 없으면 퍼즐의 그림은 미완성일 것이다. 어쩌면 나는 내가 생각한 것보다 더 중요한 사람일지도 모르겠다.

오늘도 살아있다. 일제강점기를 지나고 6·25전쟁을 뚫고 보릿고개와 민주화 투쟁을 지나 오늘을 사는 노인을 보면, 나는 그들이 정승만큼이나 위대하게 느껴진다. 한 사람 한 사람이 견디어내고 비껴가며 지나온, 모래같이 까끌까끌하고 바늘같이 뾰족하며 쇳덩이같이 무거웠던 삶의 여정. 그 삶의 벽을 담쟁이처럼 한 줌씩 쥐고 넘어온 그들의 의지와 열정은 칭송받을 만하지 않은가. 그러하기에 공원 벤치에 어깨를 웅크리고 앉아 있어도, 중환자실에서 호흡기를 끼고 누워있어도, 나는 그들의 생존에 경이로움과 신비로움을 느낀다. 나로서는 상상할 수 없는 삶의 고난도 高難度 등급을 획득한 그들을 존경한다.

고개를 돌려 주위를 살핀다. 취업을 못 해도, 성적이 떨어져도, 친구에게 소외당하고, 실패하고, 상처를 입고, 무진장 화내면서도 오늘을 기적처럼 살아내는 젊은이들을 본다. 아이들을 본다. 어제가 힘겨웠던 것처럼 내일도 별다를 것이 없을지라도 오늘을 펄떡이며 살아내는 그들이 대견하다. 박차고 오를 디딤돌과 잡고 올라갈 사다리조차 없어도 하루하루를 희망차게 살아남는 미래의 노인들이 기특하다.

그 기적이 한 해 한 해 나이테처럼 쌓여 인생이 되리라. 오래 살아낸 사람들, 오늘을 살아가는 사람들, 그리고 내일도 살아갈 사람들 모두 칭송받아야 한다. 오래 사는 게 벼슬인가! 그렇다. 벼슬이다. 지금 내가 살아있다는 것은 대단한 일이며, 그 자체가 높은 벼슬이다. 나도 점점 벼슬이 높아지고 있다.

언더패스

언더패스. 왼손과 오른손의 손바닥을 위로 향하게 포갠 후, 엄지손가락을 나란히 붙이고 팔을 쭉 뻗는다. 다리는 움직이기 편하게 한다. 공은 손목에서 팔꿈치 사이 중간쯤에서 받는데, 공을 칠 때 팔을 구부리지 않는다. 언더패스 하는 방법을 아직도 기억하는 것은 그것으로 체육 실기 시험을 치러서였다. 고등학교 1학년 중간고사 체육 실기 시험이었다.

나는 운동신경이 무디었다. 특히 공으로 하는 운동은 더더구나 못했을 뿐 아니라 싫어했다. 날아다니는 공이 그렇게 무서울 수가 없었다. 그런 나더러 배구공으로 시험을 보란다. 언더패스 스무 개를 혼자 해야 실기점수 20점을 받을 수 있단다. 공 자체도 무서운데 스무 번씩이나 하늘로 올렸다 받아내기를 해야 하다니, 나에게는 가혹하기 이를 데가 없는 일이었다.

둥근 공은 내 말을 전혀 듣지 않았다. 손을 갖다 대면 아프게 나를 때리고 저만치 달아났다. 언더패스 하는 시간보다 튕겨 나간 공을 주우러 다니는 시간이 몇 배나 길었다. 이론은 확실히 알겠는데, 몸은 뇌에서 명령하는 대로 움직이지 않았다. 아무리 해도 공은 고삐 풀린 망아지처럼 이리 튀고 저리 튀었다. 공은 무섭고, 몸은 마음대로 안 되고, 성적은 걱정되어 몸도 마음도 복잡했다.

시험 전날, 친구들과 운동장 구석에서 마지막 연습을 했다. 팔이 빨갛게 부어오르다가 끝내는 시퍼렇게 멍이 들 정도로 여러 날 연습을 했건만, 여전히 언더패스 스무 개를 하지 못했다. 마음만 먹으면 무엇이든 이룰 수 있다는 말은 모두 거짓말이었나. 최선을 다하면 좋은 결과가 온다는 것은 헛소리였나. 체육은 노력보다는 타고난 재능이라 어쩔 수 없는가. 공이 손목을 때릴 때마다 별별 생각이 다 일어났다. 해도 해도 안 되었다. 땅거미 지는 운동장에서 복잡한 마음은 급기야 눈물을 흘려보냈다. 가로등이 켜지고 한참이 지나서야 드디어 언더패스 스무 개를 해냈다. 공을 안고 펄쩍펄쩍 하늘로 날았다.

아, 이런 거였구나! 살면서 그런 순간이 온다. 처음과 끝을 동시에 완전하게 알아채는 찰나 말이다. 그렇게 한 번 알고 나면 몰랐던 과거로 결코 돌아갈 수가 없다. 한 번 스무 개를 하고 나니 그다음부터는 자주 스무 개를 할 수 있게 되었다. 요령도 알겠고 자신감도 생겼다. 나는 공을 떨어뜨리지 않고 예순여덟 개까지 언더패스를 해냈다. 나와 친구들은 그렇게 하얀 공을 하늘로 올리다 내일의 체육 실기 만점을 기대하며 귀가했다. 까만 밤이 상쾌했다.

드디어 체육 실기 시험 날이다. 하늘은 파랗고 날씨는 화창하다. 학생들이 실기 시험에 대한 떨림과 기대감으로 왁자하다. 하얀 모자를 쓴 선생님은 휘슬을 불고 까만 표지의 기록지에 학생의 언더패스 숫자를 기록한다. 두 번의 기회가 있다. 친구들이 거의 만점을 받는다. 드디어 내 차례다. 친구들처럼 나도 잘할 수 있을 거라 자신감을 느끼지만, 심장은 북 치듯 쿵쾅댄다.

시작. 선생님의 휘슬 소리가 들린다. 나는 공을 쳐올린다. '하나'를 세는 순간 공이 멀리 튀어 달아나 버린다. 얼른 뛰어

가서 공을 주워 온다. 어쩌나. 아무 생각이 안 난다. 이제 단 한 번의 기회만 남았다. 다시 숨을 고르고, 다리에 힘을 주고, 공을 던진다. 공이 하늘에 떠 있는 순간, 왼손을 아래로 오른손을 위로 포개어 팔을 쭉 뻗어 공을 받는다. 하나, 둘, 셋. 아차! 공이 하늘로 가지 않고 친구들에게로 날아간다. 친구들은 아! 하는 아쉬움의 탄성을 지르고, 나는 왈칵 솟구쳐 오르는 눈물을 가까스로 참는다. 내가 선생님의 '다음' 하는 지시에 떠밀리듯 제자리로 들어가려고 하는 그때, 누군가 선생님을 향해 소리친다.

"선생님, 한 번 더 기회를 주시면 안 돼요? 팔 보세요. 시퍼렇게 멍들도록 연습했거든요. 어제는 거의 칠십 개까지 혼자 했어요. 네? 한 번만 봐주세요."

그러자 여기저기에서 친구들이 이구동성으로 "한 번만 봐주세요." 하고 외친다. 선생님은 기회는 공평해야 하고, 나는 주어진 기회를 모두 사용했다고 단호하게 자른다. 왜 그랬을까? 친구들은 포기하지 않는다. 내가 며칠간 얼마나 노력했는지 설명하면서 계속 조른다. 선생님은 잠시 침묵하다 "그럼 모두 이의 없는 거다?" 하며 질문처럼 확인한다. 친구들이 "네" 하고 합창한다.

내게 한 번 더 기회가 주어진다. 이상하게 이번에는 성공해야겠다는 생각이 아니라 '못해도 좋다. 스무 번을 못 해도 나는 이미 최선을 다했다.'는 생각이 든다. 마음이 고요하고 편안하다. '스무 번'이라는 숫자는 머릿속에서 사라지고 미련조차 없다. 나는 하얀 공을 다시 받아 든다. 공을 하늘로 띄우고 언더패스를 시작한다. 하나 둘 셋…. 친구들이 숫자를 센다. 열아홉 스물! 와 하는 함성과 함께 친구들이 손뼉을 친다. 나는 해냈다.

가끔 이 운동장을 생각한다. '노력하면 무엇이든 이룰 수 있다'는 말이 반은 맞고 반은 틀렸다는 것을 알게 한 곳이었다. 나는 노력했다. 팔이 시퍼렇게 멍이 들 정도로 여러 날 동안 공을 수백 번씩 하늘로 올렸다. 세 개도 못 하던 내가 나중에는 거의 일흔 개의 언더패스를 하게 되었지만, 정작 시험에서는 언더패스를 몇 개 못 하였다. 노력했다고 결과가 반드시 좋은 것은 아니라는 것을 깨달았다.

스무 개를 못 해도 좋다는 생각이 들면서 마음이 고요했던 그 순간을 기억한다. 그때 나는 '최선을 다했다.'는 말이 '결과와 상관없이 이미 모든 것이 마무리되었다.'와 같은 의미라는 것을 깨달았다. 결과에 연연하지 않으며 과정을 즐기는 것이 어떤 것인지도 알게 되었으니, 앞으로는 무언가를 할 때 애태우며 하지는 말아야겠다고 다짐했다.

또한 친구의 도움으로 다시 기회를 얻었을 때, 최선을 다한다는 것에는 감동이 있다는 것을 알았다. 최선을 다한다는 것은 좋은 결과와 정비례하지 않을 수 있지만, 감동과는 정비례하는 것이 아닐까. 나의 모습이 친구에게, 친구의 모습이 내게 감동을 주었다고 생각한다. '최선을 다하는 것이 중요하다'는 말의 진정한 의미를 체험한 곳이었다.

가끔 이런 생각도 한다. 선생님은 공정했을까, 나는 정당했을까? 그날 운동장에서 일어난 일은 축복이었다.

중력을 거스르며 사는 법

샤워기 쪽으로 가다가 언뜻 거울 속의 나를 보았다. 불빛이 어슷하게 비추어서였을까. 볼 안쪽으로 굵은 선이 입술 양 끝을 잡아당기며 아래로 흐르는 것이 선명하게 보였다. 나는 걸음을 멈추고 거울로 다가갔다. 입 언저리에 미처 못 보던 주름이 하나 더 있었다. 언제 이렇게 되었나 하는 사이 아래로 내려간 눈길에 가슴이 들어왔다. 탱글탱글 흔들리던 가슴이 알파벳 더블유 자를 쓰면서 아래로 처졌다. 그러고 보니 배꼽도 늘어진 뱃살에 반쯤 덮였고, 엉덩이도 뒤질세라 푹 꺼졌다. 모든 것이 중력을 이기지 못해 아래로만 흐르고 있었다.

몸 따라 마음도 따라가는가 보다. 언제부터인가 내 마음도 저 아래 깊숙한 곳으로 흐르고 있었으니. 사람을 만나는 일이 반갑지도 않고, 새로운 일에 대한 열정이 분수처럼 솟다가도 거품 꺼지듯 금세 푹 꺼졌다. 먹고 싶은 것도 별로 없고 갖고 싶은 것도 전혀 없어 달관의 세계로 접어들었나 생각했는데, 거울을 보고 있으니 달관이 아니라 무력증인가 싶었다. 새처럼 푸른 하늘로 날아보지도 못하고, 고래처럼 물 위로 튀어 오르지도 못한 채, 꽃처럼 활짝 피지도 못한 나의 삶이 시들고 있었나 보다. 돌아보니 산등성이가 하늘을 버티듯 나도 삶의 중력을 견디며 근근이 살아온 것 같았다.

사춘기 소녀일 때, 나는 학교 성적이나 외모, 가난, 관습이 중력처럼 나를 누르고 좁혀 와도 힘차게 뚫고 나아갈 힘이 있었다. 물고기처럼 펄떡이기도 하고, 봉숭아 꽃씨처럼 어디론가 멀리 튀기도 했다. 나의 마음은 하늘을 날고, 나의 상상은 돌아오지 않는 새처럼 멀리 날아가곤 했다. 청년이 되고 장년이 되어도 중력뿐만 아니라 모든 힘을 거스르고 무시하며 맘껏 부풀며 지내왔다.

언제부터였을까, 내가 중력을 이기지 못하고 쪼그라들기 시작한 때가. 이상은 하늘을 뚫기는커녕 뇌 반구를 뚫지도 못하고, 희망은 가슴에서 부푸는가 싶다가도 살갗에 눌려 사그라들곤 했다. 심지어 건강 검진을 하니 키도 1센티나 줄었다. 마음도 몸도 중력을 버티지 못하고 눌려서 작아지고 있었다.

산다는 것은 중력을 이겨내는 것인가 보다. 봄날 새싹은 대지 위에 쏟아진 중력을 뚫고 돋아난다. 나무는 하늘만큼 쌓인 힘을 뚫고 위로 자라며, 담쟁이는 중력을 한 줌씩 쥐며 벽을 탄다. 아이가 자라는 것도 중력을 이겨내며 팽창하는 것이고, 사과 한 알이 익어가는 일, 꽃이 피는 것도 중력을 밀어내는 일이다. 연어가 물길을 거슬러 오르고 고래가 물 위로 튀어 오르는 일은 자연스러운 것이 아니라 위대한 일이었구나!

솟구치지 못하고 저항하지 못한 채 힘없이 늘어진 내 몸뚱아리를 보니 측은한 생각이 스쳤다. 웃었다. 중력에 눌려 납작해지는 내게 위로를 보낼 방법이 찰나 같은 웃음밖에 없었다. 광대뼈 근처 근육이 입꼬리와 볼의 살을 들어 올렸다.

이상했다. 얼굴 근육이 올라가자, 가슴 저 밑바닥에 가라앉았던 어떤 감정이 따라 올라왔다. 어둠 속으로 한없이 떨어졌던 마음들이었다. 그 마음이 웃는 얼굴의 근육을 잡고 올라오고 있었다. 그리고 가슴안의 좁은 공간을 밀어내더니 애드벌

룬 하나 '둥' 떠오르듯 투명하고 가벼운 기분으로 채웠다. 아, 웃는 것이 중력을 거스르는 일이던가! 이마에는 흥겨운 물결이 출렁거리고 눈가에도 민들레 꽃잎 몇 가닥이 피었다. 육십을 향해 가는 힘없는 아줌마 대신 푸릇한 여인이 목화솜 올라오듯 피어나고 있었다.

웃음은 어떤 핵무기보다 강하다더니 정말 그런가 보다. 얼굴 근육을 끌어올리는 일은 얼굴 근육만 올리는 것이 아니라 시간의 절벽에 매달려 있는 내 삶을 잡아 올리는 일이었다. 축 처진 마음을, 늘어진 삶을 끌어올리는 웃음이었다.

웃는 표정을 짓기 위해서는 많은 근육을 사용한다고 들었다. 이것이 사람이 웃기 힘든 이유였을까. 그래서 어떤 사람은 성형의 힘을 빌려 얼굴 근육을 매달기도 하고, 무언가를 넣어 밀어올리기도 하면서 중력을 거스르고자 하는가 보다.

거울을 보았다. 다시 웃었다. 두 팔을 위로 쭉 뻗어보았다. 온몸이 팽팽하게 하늘로 자랐다. 마음도 반듯하게 위로 솟았다. 연어가 물길을 거슬러 올라가듯이 중력을 거스르며 살 수는 없어도, 적어도 산등성이처럼 중력을 마주하며 살아갈 수는 있겠구나 싶었다. 그러다 여름 산처럼 조금은 하늘을 밀어 올리는 날도 있으리라.

태풍 속의 촛불 파티

처음 보는 태풍이었다. 이름도 매미란다. 태풍 매미는 한여름 작렬하게 울어대는 매미 소리만큼 요란했다. 모든 창문을 꼭 잠그고 집 주변을 정리했다. 귀신 울음소리 같은 바람 소리가 스산하게 창문 틈을 비집고 들어왔다. 태풍 매미는 아파트 전체를 흔들었고, 창밖으로 내다보이는 동네를 난폭하게 휘저으며 까맣게 돌아다녔다. 유리가 집 안으로 휘어들어 왔다. 유리가 부풀고 휠 수 있다는 것을 그때 처음 알았다. 무서웠다.

정전이 되어 세상은 깜깜했다. 거실에 촛불을 켜고 이부자리를 편 후 온 가족이 모여 앉았다. 태풍에 대한 두려움이 거실 가득 채워졌지만, 우리는 그 와중에도 손전등을 꺼내 장난했다. 나는 아이들에게 무서운 이야기도 해 주었다. '내 다리 내놔라.' 하는 이야기로 시작해서 내가 알던 귀신 이야기를 총동원했다. 태풍만으로도 가슴을 졸인 상황인데 무서운 이야기가 더해지자, 그야말로 등골이 오싹한 지 세 아이는 따닥따닥 붙어 앉았다. 눈을 초롱초롱하게 빛내며 이야기를 들었다. 무섭고 두려운데 그 자체가 즐거움이 되는 시간이었다.

태풍 매미는 많은 상처를 남기고 지나갔다. 근처 아파트의 유리창은 파열되었고, 주차된 자동차는 날아온 돌덩이로 찌그러지거나 유리가 깨졌다. 내 사무실의 세움 간판은 사백 미터를 날아가 초등학교 교문 앞에 널브러져 있었다. 하늘을 날아다니는 간판에 다친 사람이 없다는 것이 얼마나 다행이었는지. 태풍 매미가 남긴 수많은 흔적은 안타까움과 놀라움, 그나마 다행이라는 안도감을 안부로 오가게 했고, 누군가의 무용담이 되어 수다로 오갔다. 무탈하고 평범하게 일상을 사는 것이 행복이라는 것을 절감했던 날들이었다.

어느 날 갑자기 태풍 매미가 내 삶에도 찾아왔다. 남편이 직장을 그만두었다. 남편은 첫 직장에서 오롯이 이십 년간 마음과 몸을 다해 일했다. 태풍 매미가 왔을 때도 사무실로 달려가던 남자였다. 회사의 성장을 자신의 성장으로 알고, 그야말로 자기 일처럼 열심히 하며 살았다. 회사가 무리한 사업 확장으로 인해 법정관리로 넘어가면서 높은 직급의 남편은 해고 일순위가 되었다.

남편은 청춘을 바친 회사에서 쫓기듯 나와야 했다. 믿었던 소유주한테도 상처를 받았다. 남편은 자신을 온전히 회사에 맡기고 살아온 과거가 "너무 순진하고 바보 같았다."라며 지나가는 말로 툭 던졌다. 지난 이십 년을 돌아보며 자신의 정직하고 성실했던 삶이 허무하게 느껴지고, 좀 더 영악하게 자신의 것을 챙기지 못한 것이 바보 같다고, 눈물 섞인 말 한마디를 툭 던졌다. 최선을 다한 자신의 삶을 부정할 때, 남편의 마음은 어떠했을까? 이력서를 내는 곳마다 겨우 마흔여덟의 나이가 많다는 이유로 거부당할 때마다 "내가 이렇게 쓸모없는 사람인 줄 정말 몰랐다."고 말하며 남편은 헛하게 웃었다. 그런 남편의 얼굴은 허허벌판에 서 있는 것처럼 보였다. 그 마음 헤아릴 수가 없어, 위로조차 초라함이 될까 봐, 말 한마디도 조심스러웠다.

"마누라, 내가 회사를 그만 다녀야 할 것 같다. 괜찮겠나?"

남편이 가끔 툭, 이렇게 말을 던질 때, 나는 '설마' 하는 마음으로 "너무 힘들면 그만둬. 고기 먹을 거 풀 먹고 살면 되지."라고 대답했었다. 게다가 "20년 동안 당신이 열심히 일했는데, 나머지 20년은 내가 먹여 살릴게. 걱정하지 마!"라며 호언장담까지 했었다. 진심이었지만 교만한 대답이었다.

큰아이가 대학 입학을 앞두고 있었고, 둘째는 기숙사에서 공부하는 고등학생이었다. 막내도 막 중학생이 되었고, 나 역시 직장을 그만두고 대학원 진학을 앞두고 있을 때였다. 가진 재산은 없었고, 큰아이의 입학금과 내 등록금, 둘째와 셋째의 교육비, 부모님께 드리는 생활비 등 친정엄마의 말처럼 돈을 찍어내도 모자랄 판이었다. 이런 상황에서 남편의 실직은 나를 태풍 속으로 날려 버리는 일이었다.

자연에 매미 같은 태풍이 있듯, 삶에도 고난이라는 태풍이 있다. 삶의 고난은 언제나 아프다. 힘들다. 그렇다고 삶에 불어온 고난이 불운은 아니며 형벌도 아니다. 그저 삶의 자연스러운 부분이다. 봄에 꽃이 피면 꽃을 즐기고, 여름이면 태양을 뜨겁게 즐기듯, 내 삶의 고난도 봄과 여름처럼 즐기면 된다. 가을에 왜 나뭇잎이 떨어지느냐고 투덜대지 않고, 겨울이면 왜 춥냐고 따지지 않듯이, 고난에도 시비 걸 일이 아니다. 사계절을 맞이하듯 고난도 자연스럽게 맞이하면 된다.

자신의 삶을 무시하지 않는 것이 자신에 대한 예의다. 삶에서 피고 지는 모든 것을 소중하게 바라보는 것이 삶에 대한 예의다. 더불어 가정에서 일어나는 일상을 감사하게 바라보는 것이 가족에 대한 예의다. 나는 예의 바르게 살고 싶었다. 태풍 매미가 왔을 때 어둠 속에서 촛불을 켜고 오히려 재미있게 보냈듯, 삶의 고난 앞에서도 우리 가족이 그러하면 좋겠다고 생각했다. 궁핍 속에서도 즐거움을 발견하고 그 경험을 소중하게 여기기를 바랐다. 가정의 행복이 '돈'이라는 것으로 채워지는 것이 아니라 '행복해지고자 하는 마음'으로 채워진다는 남편의 말을 체험하기를 바랐다. 행복이 행복이라 하니 행복이고, 불행도 행복이라 하니 행복인 줄 알았으면 했다.

태풍 매미가 왔을 때 창문을 단단하게 고정하고 아이들이 무서워하지 않도록 돌보았듯이, 삶의 태풍 속에서도 가족이 상처받지 않고 화사한 웃음으로 살아내도록 돌보는 것이 나의 역할이라는 것을 깨달았다. 또한 가족을 지켜내려고 애쓰는 남편을 눈물 대신 웃음으로 지켜내야 하는 것도 알았다. 내가 남편의 비빌 언덕이자 아이들의 배경이라는 것을 절감했다.

서핑하는 사람은 파도를 기다린다. 파도가 높을수록 설레며 파도를 향해 헤엄쳐 간다. 고맙게도 우리 가족은 고난이라는 파도가 오자 파도를 타는 서퍼가 되었다. 두려워하거나 피하지 않고 당당하게 자신의 서프보드를 들고 파도를 향해 뛰어들었다. 남편은 지위도 낮고 월급도 적지만 취업이라는 파도 마루에 올라섰다. 균형을 잘 잡으며 가정을 단단하게 지켜내었다. 아이들은 일하면서 공부하고 그 사이사이 신나게 놀면서 파도를 탔다. 우리는 태풍 속에서 촛불 파티를 했듯이 삶의 파도 위에서 서핑을 잘하고 있다. 물론 파도를 타다가 서프보드에서 미끄러져 물속으로 떨어질 수도 있다. 그래도 괜찮다. 우리에게는 '우리'가 있으니 말이다.

신신파스 18색

오래된 상자를 열었다. 어릴 적 일기장과 성적표, 상장들이 있었다. 구겨진 투명 케이스에 색 바랜 노란 끈과 그 끝에 달린 금메달을 보았다. 가운데에는 금상이라고 글자가 새겨 있었다.

초등학교 1학년 때였다. 서울에 있는 한 신문사에서 주최한 전국 어린이 그림 그리기 대회가 있었다. 운동장 여기저기로 흩어져 아이들이 그림을 그렸다. 나도 화판에 도화지를 펼치고 크레파스를 꺼냈다. 나의 크레파스는 '신신파스 18색'이었다. 열여덟 가지 색의 크레파스가 한 줄로 나란히 누워 있었다.

어떤 것은 부러지고 어떤 것은 길었으며 어떤 것은 짧았다.

나의 크레파스는 중간을 잡고 색칠하면 '톡' 하고 부러졌다. 몇 번 칠하면 뭉쳐서 덩어리가 졌다. 겹쳐서 칠하면 두 색이 합쳐지는 것이 아니라 따로따로 덩어리로 일어났다. 나는 내 크레파스의 그런 성질을 알기에, 그림을 그리는 동안 크레파스 아랫부분을 잡고 살살살 여러 번 칠해야 했다.

옆에 앉은 철훈을 보았다. 철훈은 우리 동네 아이였다. 철훈은 말이 별로 없고 마음이 착한 아이였다. 집 앞 신작로를 건너면 철훈의 집이 있었다. 나는 철훈과 잘 놀았던 기억은 없지만, 철훈의 누나와는 친해서 자주 그 집에 가서 놀았다. 그래서 철훈과 내가 친한 사이였는지 아니었는지 지금도 구별이 되지 않는다.

철훈은 그림 그리는 것을 좋아했다. 왜 그렇게 기억하는지 잘 모르겠다. 어쩌면 철훈이 미술 시간에 신나게 그림을 그렸거나, 그 애랑 집에서 낙서하며 같이 놀아서 그런지도 모르겠다. 어쩌면 철훈이 정말 그림을 잘 그려서 그렇게 기억하는지도 모르겠다. 아무튼 철훈도 열심히 그림을 그리고 있었다.

철훈의 크레파스는 두 단짜리였다. 크레파스의 이름은 기억나지 않지만 아래 칸에 열여덟 개, 위 칸에 열여덟 개해서 총

서른여섯 가지 색이었다. 철훈의 크레파스는 덩어리도 생기지 않고 잘 부러지지도 않아 온전하게 케이스에 담겨 있었다. 철훈의 크레파스가 좋아 보였다. 나보다 두 배나 더 많은 크레파스를 가지고 그림을 그리는 철훈이 부러웠다. 특히 철훈의 크레파스에는 금색이 있었는데, 그것이 가장 부러웠다.

철훈이 그림에 금색을 칠했는데 반짝반짝 빛이 났다. 어찌나 신기하던지 그림을 그리다 말고 철훈의 그림을, 금색으로 빛나는 것을 한참 들여다보았다. 나는 용기를 내어 철훈에게 금색을 빌려 줄 수 있느냐고 물었다. 철훈은 싫다고 했다. 나는 마음이 상했고, 부럽고, 화가 났다. 나도 저 색을 칠하고 싶다. 그때 나의 신신파스가 그렇게 초라해 보일 수가 없었다.

몇 달 후 아침 조회 시간에 철훈이 그림대회에서 대상을 받았다. 운동장을 가로질러 교단으로 달려가서 커다란 상장과 트로피를 받았다. 나도 운이 좋았던지 금상을 받았다. 나도 상장을 받고 금메달을 목에 걸었다. 그런데 금상이 썩 마음에 들지는 않았다. 커다란 트로피를 들고 있던 철훈이 샘이 났던 것이다.

나도 덩어리가 안 생기고 색이 잘 칠해지는 서른여섯 개의 크레파스가 있다면 얼마나 좋았을까. 단단한 크레파스로 힘주어 촘촘히 색칠할 수 있었다면 철훈보다 더 잘 그렸을 것이다. 금색만 칠했어도 내 그림이 분명 철훈의 그림보다 더 멋졌을 텐데…. 그때의 '신신파스 18색'에 대한 어린 나의 원망과 아쉬움이 아직도 선명하다. 철훈에 대한 질투도 생생하다. 수십 년의 세월이 흘러 사람의 몸은 자라고 늙었어도 감정은 막 크레파스를 칠한 그림 같은가 보다.

얼마 전에 아들이 농담으로 "재벌 2세가 되고 싶었는데 부모님이 노력하지 않아요."라며 항간에 떠도는 유머를 말한 적이 있었다. 분명 우스갯소리인 줄 알고 있었음에도 불구하고, 그날은 무엇 때문인지 마음이 상하고 말았다. 그 순간에 나는 신신파스가 떠올랐다. 내 아들에게 나는 '신신파스 18색'이구나. 금색이 있는 두 단짜리 서른여섯 가지 색의 크레파스가 못 되겠구나. 부러지기 쉽고 덩어리도 잘 생기고 단조로운 색만 있는 이 어미 때문에 트로피를 못 받는다고 내 아들이 생각하면 어쩌지. 내가 신신파스를 원망했듯이.

다음 날, 아들에게 그 농담이 크게 다가왔고, 내가 우울해졌으며 심지어 부족한 부모라는 생각에 마음이 편하지 않노라고 말했다. 아들은 "그냥 농담으로 웃자고 한 이야긴데 뭘 그렇게 심각하게 받아들이세요. 이렇게 키워놨으면 됐지 뭘 더 바라요. 충분하니 그런 마음 가지실 필요 없어요." 하고 말했다. 그제야 웅크렸던 내 마음이 조금 펴졌다.

크레파스는 어쩌면 열여덟 색만으로도 충분했을지 모른다. 내가 그린 그림은 크레파스만으로 그려진 것은 아니었다. 나의 상상력과 색을 선택하는 감각과 색칠한 솜씨 등이 어우러졌던 것이리라. 더 많은 색의 크레파스를 가진 친구들은 상장을 받지 못했으니, 철훈과 나, 우리 둘은 그림을 잘 그렸던 것이다.

없으면 없는 대로, 있으면 있는 대로, 섞기도 하고 또 때로는 비우기도 하면서 자신의 그림을 그리는 것이 중요하다. 결국 삶은 얼마나 많은 크레파스를 가지고 있느냐가 아니라 주어진 크레파스로 얼마나 다채롭게 색칠하며 나답게 그림 그리기를 즐기느냐에 따라 달라지는 게 아닐까. 이제 철훈의 그림 솜씨를 인정하고 금색 크레파스는 잊어버려야겠다. 너무 늦었지만 트로피를 들고 있는 철훈에게 축하 인사를 보낸다.

브래지어는 싫어

남편과 아들이 부럽다. 두 남자는 매일 팬티 바람이다. 헐렁하거나 살갗에 밀착된 사각팬티를 입고 거실에도 있고 주방에도 있고 방에도 누워 있다. 딸들은 두 남자의 노골적으로 불룩한 샅이 눈에 거슬렸는지 볼 때마다 제발 좀 바지를 입으라고 잔소리를 한다. 그러거나 말거나 두 남자는 이렇게 생겨먹은 것을 어찌 부정하느냐며, 자연스러운 것은 탓하는 게 아니라며 전혀 개의치 않는다. 남편과 아들이 외출하지 않는다면 아마도 빨래라는 것이 한 줌의 팬티뿐이리라.

남성의 속옷이라고 해봐야 팬티와 러닝셔츠뿐이다. 반면에 여성의 속옷은 러닝셔츠나 내복, 팬티 외에 브래지어, 거들, 코르셋 등 종류가 다양하고 그 수가 많다.

열 살까지는 강가에서 남자아이들과 함께 팬티만 입고 같이 물놀이를 하며 놀았다. 열한 살에 젖 몽우리가 생기기 시작했다. 손끝만 스쳐도 아프고 남자아이보다 가슴이 조금 더 볼록해지는 느낌이 들면서, 상의는 러닝셔츠를 입고 놀았다. 남자아이들은 그냥 그대로 벌거벗고 놀았다. 한 살 더 먹자 나는 러닝셔츠에서 티셔츠로 바꾸었다. 그 이후에는 남자아이들과 속옷만 입고 물가에서 놀았던 기억이 없다.

중학생이 되자 거들과 브래지어라는 속옷이 주어졌다. 거들을 입으면 허리가 잘록해지고 예뻐진다고 했다. 엄마가 사준 것을 입기 시작했으나, 어느 순간부터 허리의 잘록함은 타고난 것이며, 허리에 살이 있고 없고의 차이라는 나름의 결론을 얻었다. 무엇보다 답답해서 일찌감치 입기를 포기했다.

브래지어에 대해서는 기대감이 있었다. 브래지어를 제대로 사용하면, 가슴이 가운데로 모이며 예쁜 가슴이 만들어진다고 했다. 브래지어를 착용하지 않으면, 가슴도 작아지고 할머니처럼 축 처진다고 들었다. 도대체 누가 그런 소리를 했는지 기억에는 없지만 진리처럼 들었다. 예쁘고 싶었던 시절이었고, 무엇보다 목걸이 펜던트가 패인 가슴골에 놓여있는 여성이 멋지게 보이던 때였다. 아침마다 브래지어를 입으며 45도 각도로 상체를 숙이고 젖가슴을 모아 브래지어 안에 단단하게 담아두곤 했다. 하지만 브래지어를 오래 착용해도 나의 가슴은 예뻐지지도 커지지도 않았다.

젖가슴이 크거나 작거나 상관없이 여학생은 모두 브래지어를 해야 했다. 선생님은 브래지어를 입지 않는 것은 성추행을 유발할 수 있는 천박한 행위라고 했다. 답답함도 감내해야 할 여성의 운명이라고 했다. 브래지어는 당연히 입어야 하는 속옷이라면서도 그것이 겉옷 밖으로 보이는 것은 수치라고 가르쳤다. 학교에서는 여학생이 브래지어를 착용했는지 여부를 검사했다. 선생님이 여학생의 등을 손바닥으로 훑으며 확인했다. 남자 선생님이 검사하는 경우에는 기분이 몹시도 불쾌해서 손자국을 털어내려 몸을 흔들었다.

열네 살부터 서른 살이 넘을 때까지 나는 집에서 혼자 있어도 브래지어를 하고 있었다. 덥고 답답하고 짜증 나도 브래지어는 나의 조금 더 두터운 피부처럼 항상 붙어 있었다. 벗고 싶었지만 그러지 못했다. 그것은 보이지 않는 구속이고 무거운

압력이었다. 마음도 몸도 브래지어에서 해방된 적이 없었다. 아마존 어느 부족은 여자와 남자 모두가 젖가슴을 내어놓고 살던데, 우리도 그렇게 살면 좋겠다고 생각했다. 법으로 브래지어 착용을 금지했으면 좋겠다며 투덜댔다.

주방에서 일하고 있으면 남편이 다가와 백허그를 하곤 했다. 그러면서 때때로 브래지어 안으로 손이 들어왔다 나가곤 했는데, 그럴 때마다 브래지어가 움직여 불편했다. 남편이 정리해 주지만 제자리가 아니라 어색했다. 남편은 브래지어에 대해 투덜대는 내게 브래지어는 나의 피부가 아니며 선택사항이라는 사실을 일깨워주었다. 브래지어를 벗어버렸다. 남편은 반겼고 나는 편안해졌다. 남편이 브래지어가 선택지라는 것을 깨닫게 했다면, K 언니는 노브라를 실행하도록 용기를 준 사람이다.

내가 삼십 대 후반이었을 때, 조치원의 어느 산속에서 일주일간 리더십 연수를 받은 적이 있었다. 오전에는 연수생들과 다양한 게임을 하며 친목을 도모했다. 그날의 게임은 술래가 된 한 사람이 단어 하나를 말하면, 그 단어에 해당하는 사람은 무조건 다른 자리로 옮겨 앉는 것이었다. 즉 술래가 '바지'라고 소리치면, 바지를 입은 사람은 무조건 자리를 바꾸어 앉아야 했다. 그럴 때마다 다른 자리를 찾느라 아수라장이 되었다.

한 남자가 '노브라'를 외쳤다. 남자들은 벌떡 일어나 다른 빈자리를 향해 우왕좌왕 전력 질주를 하고 있었다. 당연하다, 남자들은 브래지어를 안 하니까. 그때 한 여성이 같이 뛰고 있었다. 나와 숙소를 같이 쓰던 언니 K였다. K는 노브라였다. 브래지어가 답답하다며 K는 아침마다 커다란 밴드를 유두에 붙였는데, 얼떨결에 같이 뛰었던 거다. 열댓 명의 남자 속에서 K 혼자 같이 뛰고 있으니, 모두가 박장대소를 했다. K도 덩달아 같이 웃었다. 부끄러워하지는 않았다. 당당하고 자유로워 보였다. 그 모습이 그렇게 멋져 보일 수가 없었다. 그 언니를 보고 나도 노브라로 살 수 있겠다고 생각했다.

나를 구속하는 것들이 얼마나 많은가. 선택이 아니라 그러려니 받아들이고 수긍하며 살아온 많은 것들. 그 틀을 살펴보기나 했던가, 그 이유를 더듬어 보기나 했던가, 벗어나려고 시도나 해봤던가. 어느 책에서 읽은 글이 생각난다. 아내가 소시지를 사면 항상 둘로 잘라서 냉장고에 넣었다. 어느 날 남편이 궁금해서 그 이유를 물었다. 아내는 자기 어머니가 늘 그렇게 해서 자기도 그런다고 했다. 그녀도 갑자기 궁금해서 어머니에게 전화를 걸어 이유를 물었다. "옛날에는 냉장고가 작아서 그랬다.”고 어머니가 대답했다. 이미 냉장고는 커지고 소시지는 자를 필요가 없는데도, 아내는 지금까지 그래 왔으니까 그냥 똑같이 행동한 것이었다. 그런 것이 내 삶에 얼마나 많을까.

나는 집에서는 속옷으로 팬티만 입고 브래지어는 벗는다. 때로는 외출할 때도 브래지어를 생략한다. 그런 나를 친구들이나 언니들은 놀라운 눈으로 쳐다보곤 한다. 허전하지 않느냐, 불안하지 않느냐는 질문을 하면서. 브래지어를 할 때는 겉옷이 젖꼭지의 도드라짐을 이래저래 감추지 못할 때이다. 도드라진 젖꼭지에 멈출 뭇사람들의 눈길을 모른 척하기엔 나의 용기가 부족해서다.

딸이 중학생일 때, 학교에서 아직도 브래지어 착용 여부를 검사하고 있다는 것을 알고 깜짝 놀랐다. 그때 아이가 물었다. “엄마, 브래지어를 꼭 해야 해?” 나는 안 해도 된다고 했다. 브래지어를 하면 아름다워지느냐고 묻기에 “해도 아름답고 안 해도 아름답다.”고 했다. 잘 살펴보고 네가 좋은 것을 선택하라고 했다.

미용용품점에서 남성과 여성의 유두를 가리는 제품을 발견했다. 남자도 그런 제품이 필요하다는 것이 신선한 충격이었으며, 나와 같은 고민을 하는 여성도 많은가 보다고 생각했다.

브래지어를 착용하는 것이 좋은 사람도 있을 것이고, 나처럼 불편해하는 사람도 있을 것이다. 어찌 되었든 자기가 좋아하는 것을 자신의 의지대로 선택하며 살기를 바란다.

국화꽃

국화꽃이 그립다. 어릴 적 마당에 있던 작은 꽃밭에 조그만 송이의 국화가 어떤 것은 하얗게, 어떤 것은 노랗게, 나머지는 보랏빛으로 피었었다. 몇 송이 꺾어 유리컵에 꽂아 놓으면, 방 안에 들어설 때마다 세수한 아이처럼 꽃향기가 와락 달려왔다. 그래서일까, 가끔 국화꽃이 보고 싶다. 그 향기가 그립다.

몇 해 전 가을이었다. 그날은 유독 국화꽃이 보고 싶었다. 식은땀이 나고 온몸이 떨리면서 정신이 몽롱해지는, 저혈당 증상 같은 국화꽃 고픔이었다. 직장에 있는 남편에게 전화해서 한바탕 꽃 타령을 하고 나니 마음이 조금 풀렸다. 두 시간쯤 지나 남편이 갑자기 사무실에 왔다. 짙은 감청색 플라스틱 화분에 노란 국화를 가득 담아 들고 있었다. '와'하는 탄성이 절로 나왔다. 잘생긴 총각이 연애를 걸어올 때의 처녀 기분이었다.

국화꽃은 은은한 향기로 내 책상 옆에 머물며 그 가을을 보냈다. 가을이 지쳐 꽃잎이 마르기 시작했을 때도 화분은 그 자리를 조금 더 지켰다. 사람과 꽃이 준 그날의 감동이 생화로 매일매일 피어올라 차마 치울 수가 없었다. 작은 마른 꽃잎이 하나둘 떨어져 바닥을 덮기 시작할 즈음에야 옆 창고로 화분을 옮겼다.

남편과 국화꽃이 등장한 갑작스러운 그날의 풍경이 추억이 되고 집착이 되어 마른 화분을 버리지 못했다. 창고에서 세 번의 가을을 지나는 동안, 국화는 스치는 바람에도 꽃잎을 바닥에 내려놓더니 앙상한 마른 가지로 서 있었다. 그 화분을 이제야 비로소 꺼냈다. 동그란 화분 아래에 마른 꽃잎이 울타리처럼 둘러 있었다. 꽃잎 무더기를 치우려고 빗자루를 대자 꽃잎이 먼지가 되어 가볍게 날아올랐다. 집착이 추억이 되어 피어오르더니 먼지처럼 가벼워졌다.

고등학교 삼 학년 때였다. 마지막 가을 소풍 가는 길에 들국화가 가득했었다. 키 낮은 들국화가 온 천지에 널려 있는데, 그 향이 짙어서 옷에 묻은 듯 털어낼 지경이었다. 소풍이 끝나고 모두가 돌아간 들판에서, 부반장이던 나는 담임 선생님과 뒷정리하고 있었다. 우리 반 남학생 중 두 번째로 키가 큰 Y가 과음으로 취해 국화꽃 속에 쓰러져 있는 것을 발견했다. Y의 가방은 꽃 한 다발 떨어진 곳에 널브러져 있었다. 모두가 돌아간 뒤라 근처에는 아무도 없었고, Y를 데려갈 사람도 없었다.

어쩔 수 없었다. 선생님이 Y를 업었다. 업었다기보다는 어깨에 걸쳐 메었다. 선생님은 나보다 키가 작았고, Y보다는 한 자만큼 작았다. Y의 다리가 길게 늘어져 땅에 닿았다. 선생님은 가을 햇살에 축 늘어진 Y를 어깨에 매달아 끌고 가는데, 땅에 닿은 Y의 커다란 운동화 끝에서는 뽀얀 먼지가 포슬포슬 일었다. 나는 Y의 가방을 들고 그 뒤를 따라갔다.

들국화가 흐드러지게 피어, 먼지보다 더 뽀얗게 향기를 퍼뜨리고 있는 꽃 사이 길, 맘껏 놀고 취한 철없는 남학생, 한껏 앞으로 몸을 숙이고 학생을 메고 가는 키 작은 선생님, 이 풍경을 굽이굽이 주워 담으며 따라가고 있는 짧은 머리의 여고생. 어쩌면 그 풍경이 국화꽃을, 국화꽃 향기를 더욱 그립게 하는지도 모르겠다.

들국화의 꽃말은 서로 믿는 마음, 상쾌, 장애물, 순수 등 여러 가지이다. 들에 피는 벌개미취, 과꽃, 구절초, 쑥부쟁이 등 가을에 피는 국화과 꽃을 통틀어 들국화라고 부르기 때문에 각 꽃에 대한 전설 따라 꽃말도 여럿 있는 것 같다. 여러 꽃이 그냥 들국화라고 불리는 것이 마음에 든다. 여러 가지 꽃이 옹기종기 모여서 '우리'라고 하는 것 같아 마음이 든든하다. 오빠와 동생들이 함께 밥을 먹으며 우리라고 하듯, 여러 사춘기 소녀가 교문을 나오며 '우리 떡볶이 먹으러 가자'고 하듯. '서로 믿는 마음'이란 꽃말이 더 마음에 와 닿는 것은 이런 생각의 끝자락인가 싶다.

창밖은 가을이 지나고 겨울이 한창이다. 꽃밭에 핀 국화를 생각하다, 남편이 안고 있던 노란 국화 생각에 문득 설레다가, 소풍 가는 길에 천지로 피어있던 들국화가 그리워지는가 싶더니 문득 국화차가 떠오른다. 지인이 가을을 모았다면서 얼마 전에 건네준 것이었다. 토기로 만든 찻잔에 따뜻한 물을 붓고 마른 국화꽃을 띄운다. 국화꽃이 하나둘 슬며시 꽃잎을 흔들더니 물 위에서 활짝 핀다. 햇살에 말린 가을이 찻잔에 가득 채워지는가 싶더니 곧 은은한 향기로 날아오른다. 당분간 국화꽃이 그리울 때는 찻물을 올리면 될 것 같다.

우등상장과 막걸리

운동장에는 눈이 소복소복 쌓이고 있었다. 사람들이 눈 위에 발자국을 찍으며 모두 교실로 향했다. 중학교 졸업식의 아침은 이렇게 기억된다. 그다음 기억은 운동장에 서 있던 아버지. 감지 않은 부스스한 머리칼과 면도를 하지 않아서인지 우울함에 절어서인지 거뭇한 아버지의 얼굴이 선명하다. 아버지는 색 바랜 검은색 점퍼를 입고서, 한 손에는 나의 졸업장과 우등상 상장을, 다른 손에는 상품으로 받은 영어사전과 국어사전을 들고 눈 위에 까맣게 서 있었다.

"아빠, 먼저 가세요. 저는 친구들이랑 놀다 갈게요."

나는 아버지에게 말을 건네고 운동장 저편으로 달렸다. 아버지의 주머니에 돈이 없다는 것을 알기에 짜장면 한 그릇 사 달라는 말을 차마 하지 못했다. 언뜻 돌아서서 바라본 아버지의 푸석푸석한 등이 내리는 눈의 무게에도 무너질 것 같아 위태로워 보였다. 가족 단위로 몰려가는 사람들 틈에서 혼자 걸어가는 아버지의 뒷모습이 슬펐다.

운동장 눈밭에 누우니 회색빛 하늘에서 수많은 까만 점들이 내려오고 있었다. 까만 점들은 점점 커지면서 하얀 눈이 되어 얼굴에 닿았다. 까만 점 같은 어두운 나의 처지도 하얀 눈처럼 필 수 있을까, 그때는 언제일까를 생각하며 눈을 감으니 아버지의 푸석했던 뒷모습이 떠올랐다. 아버지는 십오 리 길을 걸어가셨을까, 버스를 타고 가셨을까 하는 걱정 같은 물음과 아버지도 함박눈처럼 하얗게 필 날이 있을까 하는 소망 같은 생각이 스쳤다.

함박눈 사이로 어둑어둑 저녁이 내려오고 있었다. 집으로 가는 버스는 눈 위에 길을 만들며 천천히 달렸다. 나는 창가에 앉아 뽀얀 유리창에 손끝으로 낙서했다. 문득 집에서 나를 기다리고 있을 할머니가 생각났다. 너무 늦었나, 할머니의 잔소리가 벌써 귀에 들리는 듯했다. 버스에서 내려 집에 들어서니 "애비는 왜 안 보이느냐"는 할머니의 목소리가 들렸다. "어? 아빠 먼저 가셨는데. 안 오셨어요?" 하는 나의 대답에 할머니는 저녁 먹게 퍼뜩 아버지를 찾아오라며 나를 쫓아 보냈다.

아버지가 가는 곳은 뻔했다. 수복식당이었다. 우리 동네의 유일한 음식점이자 막걸리를 파는 곳이었다. 음식보다 막걸리를 더 많이 팔았다. 겨울이면 동네 아저씨들은 그곳에 모두 모였고, 땅에 묻은 술독에서 막걸리를 종일 퍼 댔다. '아빠는 졸업식 날 짜장면도 못 사주면서 막걸리는 어떻게 드신대.' 하고 속으로 투덜대며 눈밭을 걸어가 수복식당 문을 열었다.

뿌연 연기가 찬바람에 순간 뭉치더니 앞을 다투어 하얗게 밖으로 밀려 나왔다. 거의 바닥까지 내려앉은 담배 연기는 너구리도 잡을 지경이었다. 동네 아저씨들의 떠드는 소리가 왁자하고 담배 냄새, 막걸리 냄새, 음식 냄새가 뒤섞여 물씬거렸다. 아무것도 보이지 않았다. 고개를 숙여 연기 밑으로 안을 가만히 들여다보고 있으니, 아버지가 보였다.

모두가 지나쳐야만 하는 출입구 근처 탁자에 아버지가 뿌옇게 혼자 앉아 있었다. 보기에도 이미 취한 듯 아버지의 실루엣이 깜박깜박 흔들렸다. 주전자 하나에 술잔 하나, 김치 몇 조각과 젓가락 한 벌이 전부인 술상이, 초라해 보였다. 탁자 오른쪽 앞 귀퉁이엔 내가 졸업하면서 받은 상장과 부상으로 받은 사전 두 개가 보란 듯이 놓여있었다. '우등상장'이란 글자가 뚜렷했다. '아버지'하고 부르려는 순간 동네 아저씨 한 명이 "야 성익아, 네 딸 우등상 탔냐? 좋겠다, 부럽다." 하는 소리가 들렸다. 아버지는 대꾸처럼 막걸리 한 잔을 마셨다. 그때였다. 아버지의 마음이 보였다.

면에서 땅이 가장 많은 집, 동네 사람들에게 소작을 주던 집에서 아버지는 막내아들로 태어났다. 어릴 적, 아버지는 동네에서 유일하게 축구공을 옆에 끼고 다녔고, 하얀 쌀밥을 먹으며 자랐다고 했다. 그러다 한국 전쟁으로, 사업 실패로, 집안이 기울어져 과거에 우리 집 땅을 소작하던 사람들보다 훨씬 못한 처지로 내려앉고 말았다. 집에는 동전 한 푼 굴러다니는 것이 없었다. 겨울이면 농한기를 이용해서 어머니는 남의집살이하러 가거나 행상을 하러 나갔다. 딸은 불우 아동으로 선정되어 학용품이나 겨울 코트를 지원받아 왔다.

내가 중학교를 졸업하고 인문계 고등학교에 진학한다는 소문이 돌자, 동네 사람들은 아버지를 비웃었다. 없는 집에서 여자애를 무슨 인문계에 보내느냐고 숙덕거렸다. 몇 사람은 나를 상업고등학교에 보내어 은행에 취직이나 시키라며, 아버지에게 충고까지 하고 나섰다. 심지어 당장 공장에 보내어 돈을 벌게 하라는 이도 있었다. 어머니는 동네 사람들에게 서운해했고, 아버지는 입을 굳게 다물었다. 아버지의 마음이 어땠을까.

졸업식 날 딸에게 짜장면 한 그릇도 사줄 형편이 못 되지만, 외상으로라도 막걸리를 마셔야 했던 아버지. 동네에서 당신의 딸 혼자만 받은 우등상장을 테이블에 올려놓고, 그것을 안주 삼으며 온종일 그 자리에 앉아 있던 아버지. 찰나였다. 아버지의 표정에서 당신의 마음을 알아챘다. '봐라. 내 딸보다 공부 잘하는 자식 있으면 나와 보라고 해. 너희들 하나도 안 부럽다.' 아버지의 소리 없는 자존심이 반듯하고 당당하게 앉아 있는 것을 보았다. 아버지의 모습을 본 순간 생각 하나가 스쳤다. 내가 아버지에게 효도한 날이 단 하루라도 있다면, 그날이 바로 오늘일 것이라고.

살면서 가끔은 내가 하찮아 보이고 살아갈 의욕도 잃어 삶의 바닥으로 가라앉을 때가 있었다. 바닥을 기면서 헤맬 때 문득, 그날이 떠올랐다. 뿌연 담배 연기 속에서 깜빡깜빡 흔들리던 아버지가 나의 우등상장을 앞에 놓고 온종일 막걸리를 마시던 그날이. 속절없이 헤매는 내게 그날은 뚜벅뚜벅 다가와 말을 건넸다. 예전에 내가 누군가의 희망이었듯이 지금도 누군가의 희망일 것이라고, 누군가를 하루 살렸다면 오늘 하루도 살 자격이 있다고.

어쩌면 모든 사람은 자기가 의도하든 의도하지 않든 누군가의 희망이며, 매일 누군가를 살리는 것이 아닐까. 또한 그 누군가에 스스로를 포함하고 있는 것은 아닐까. 그날은 그렇게 단단한 부력이 되어 오늘도 나를 삶 위로 밀어 올린다. 그날은 아버지가 내게 준 선물이었다.

3부

이제 되었다고, 딱 좋은 순간이라고

생일에는

평소보다 일찍 일어났다. 창문을 여니 새소리와 상쾌한 공기가 이른 아침을 데리고 들어왔다. 일어나자마자 방 청소하라는 엄마의 재촉을 받았다. 서둘러 이불을 개어 장롱에 넣고 빗자루부터 찾았다. 부엌은 벌써 분주하고, 집안의 다른 곳은 이미 청소가 되어 있었다. 할머니 생신이었다.

해마다 할머니 생신은 동네 어른에게 밥 한 끼 대접하는 날이었다. 할머니 생신 서너 날 전부터 어머니와 할머니는 동네 노인을 만나면, 아침에 밥이나 한 끼 나누자며 초대 말을 인사로 건넸다. 할머니의 생신을 위해 아랫목에는 까만 천을 덮은 시루에서 숙주나물이 자랐다. 툇마루에서 한 알 한 알 골라진 콩은 두부가 되었고, 단단한 북어는 다듬이로 두들겨져 부드럽게 소쿠리에 쌓였다. 어머니가 준비해 둔 도토리 가루도 반들반들한 묵이 되어 장독 위에서 식어갔다. 하루하루 준비된 재료 덕분에 할머니의 생신 전날부터 고소하고 기름진 냄새가 집안을 가득 채우다 못해 담장을 넘었다.

일곱 시부터 방과 마루에 밥상이 차려졌다. 낡은 큰 상들을 행주로 닦고 하얀 전지로 덮었다. 그 위에 온갖 나물과 떡과 음식이 하나둘씩 펼쳐지면, 나는 상 둘레를 따라가며 숟가락과 젓가락을 놓았다. 초대받은 근이 할머니, 명화 할머니 등 동네 노인이 들어오셨다. 그분들 손에는 사이다 한 병이나 설탕 한 봉지, 복숭아 통조림 깡통이거나 박하사탕 봉지가 들려 있었다. 노인들은 "생일 축하한다."라는 말 대신 "아이고 상다리 부러지겠네." 하며 가지고 온 선물을 슬쩍 건네고는 상에 둘러앉으셨다. 어머니는 "어서들 오셔요. 아이고, 뭐 이런 걸 들고 오셨어. 그냥 오셔서 밥 한 끼 드셔주면 좋지."라고 하셨다. 할머니의 생신날 아침은 그렇게 왁자지껄 시끄러웠다.

친정아버지도 노인이 되셨다. 자식들이 동서남북으로 흩어져 있어서 아버지 생신 때는 여행지에서 모였다. 생신 축하 겸 가족여행을 한 것이었다. 매년 함께하는 가족 여행도 좋았으나, 아버지의 팔순 생신에는 다르게 생신 상을 차려 드리고 싶었다. 아버지는 팔순 잔치도 싫다 하시고 여행도 귀찮다 하셨다. 그래도 뭔가 해드리고 싶다고 말씀드리니, 아버지는 뜸 들이다 조심스레 말씀을 꺼내셨다. 사실 경로당 노인들에게 갈비탕 한 그릇씩 대접하고 싶다고…. 평소 외출도 없으시고 경로당도 거의 나가지 않으셨던 아버지였기에 그 제안은 의외였다. 말씀하시는 분위기로 보아 아버지가 오래전부터 생각하셨다는 것을 짐작할 수 있었다.

우리는 아버지가 사시는 동네에서 제일 큰 갈비탕 집을 예약했다. 식당 주인에게 어르신들 치아를 생각해서 특별히 부드러운 갈비탕을 부탁했다. 어머니는 식당에 양해를 구하고 곁들일 음식을 장만하셨다. 떡과 잡채를 하시고 직접 도토리묵도 쑤어 무치셨다. 반찬도 몇 가지 더 준비하셨다. 아버지의 생신에 얼굴도 모르는 많은 노인이 오셔서 식사하고 가셨다. 옛날처럼 설탕 한 봉지나 사이다 같은 선물은 없었지만, 축하한다거나 건강하게 다복해지라는 세련된 인사말을 주셨다.

나흘 뒤면 내 생일이다. 나에게 생일은 세월 따라 의미가 달랐다. 어릴 적에는 할아버지, 할머니, 큰아버지 등 어른들이 계셔서, '내 생일이다' 하며 대놓고 주인공 행세를 할 수는 없었다. 하얀 밥과 미역국이 있으면 그게 내 생일상이려니 했다. 작은 선물이나 축하 인사 같은 특별대우가 없어도, 나는 가족들이 전해주는 따뜻한 눈길로 사랑의 마음을 느낄 수 있었고, 그날을 기뻐했다.

학생 때는 친구들이 편지와 선물로 생일을 축하해 주어서 좋았다. 그것이 많으면 많을수록 내가 중요한 사람이 된 것 같았다. 어쩌다 내 생일을 잊으면 서운해했다. 타인의 반응에 따라 생일은 많이 행복하거나 덜 행복한 날이었다. 그것은 결혼하기 전까지 계속되었다. 결혼하면서 나에게는 생일보다 결혼기념일이 더 중요해졌다. 결혼기념일은 너와 내가 만나서 '우리'로 태어난 날이기에 더 큰 의미를 부여하고 싶었던 것이다. 이젠 아무도 내 생일을 기억하지 않아도 섭섭하거나 우울하지 않게 되었다.

아이를 낳고 나서는 생일이 부모님께 감사하는 날이 되었다. 내가 아이를 낳으면서 그 수고로움이 온전하게 이해되었기 때문이다. 내가 9월 초에 태어났으니, 어머니는 한여름에 만삭으로 농사일을 하셨을 것이고, 추수 전이니, 몸조리도 못 하셨을 것이었다. 실제 어머니는 내가 태어나는 날 오전까지도 밭에서 일했다고 하셨다. 생일이면 어머니에게 "엄마 힘들었지, 고마워요."라고 인사를 드렸다.

아이들이 커갈수록 내 생일이 요란해졌다. 아이들은 고사리 손으로 카드나 편지를 쓰고 선물을 주었다. 아빠한테 케이크를 사서 촛불을 켜게 하고, 아이들은 생일 축하 노래를 신나게 불렀다. 아이들이 성인이 되니 해마다 저희끼리 의논하여 다채로운 생일 선물을 준비했다. 해마다 선물을 달리하느라 나름 고민했을 거라 짐작한다. 올해 생일 선물은 인터넷으로 구매할 예정이라며, 갖고 싶은 것이 있으면 알려달라고 지난주부터 조른다. 아무리 생각해도 갖고 싶은 것이 없다.

몇 해 전부터 생일이면 떡을 한다. 하얀 백설기를 해서 내가 운영하는 학원의 아이들을 먹이고, 부모님에게 드리라고 아이 손에 떡을 들려 보낸다. 나는 그들 덕분에 내 아이들에게 먹을 것도 사주고 옷도 사 입혔다. 나의 신발과 화장품도 모두 그들 덕분이다. 평소에도 그 고마움을 잊지 않으나 생일에는 노골적으로 고마워하고 싶다. 약소하지만 떡으로 마음을 전한다. 옆 건물에도 한 접시 나른다.

생일엔 선물을 받는 것이 아니라 대접하는 날이라는 것을 어릴 적에 배웠었다. 젊은 날에는 그것을 잊었다. 그저 생일에는 축하와 선물을 받고 주인공이 되는 날인 줄 알았던 게다. 친정아버지 팔순 생신에 갈비탕을 대접하는 부모님을 보고서야 생일이 감사하는 날이었음을 기억해 냈다. 어릴 적에 배운 가르침을 이제야 떠올린 것이다. 너무 늦지 않게 알아채서 다행이다.

나이 들수록 나의 삶이 주변의 손길로 이루어졌다는 것을 확인하게 된다. 그 무엇도 나 혼자 이룬 것이 없고, 나 혼자였던 적도 없었다. 사람과 자연에 감사하는 마음이 신앙처럼 깊어진다. 생일은 지금까지의 내 삶을 고스란히 감사로 보내드리는 날이다. 어제 떡집에 떡을 주문했다. 그 약소함에 송구하다.

설거지만 조금 해 줘

첫 아이가 결혼했다. 신혼여행 가기 전에, 하루는 시댁에서 하루는 우리 집에서 묵었다. 우리 집에서 묵던 날, 남편은 양갈비구이를 준비했다. 딸이 사위를 처음 데리고 온 날, 남편은 손수 요리한 양갈비 요리를 식탁에 올렸었다. 그때 사위가 양갈비를 잘 먹었던 것을 기억하고, 이번에도 남편은 미리 장을 보고 재료를 준비했다. 맛있는 저녁 식사에 축하 샴페인과 와인을 마시며 한참 수다했다. 온 가족이 밤늦도록 계속 웃으며 이야기를 나눈 시간이었다.

식사가 끝난 늦은 시간, 남편과 내가 식탁을 정리하자 사위도 한몫 거들고자 하였다. 내가 식탁을 등지고 돌아서서 설거지하는데, 식탁을 정리하던 남편의 목소리가 들렸다.

"주말에 설거지만 조금 해 줘."

그 말에 갑자기 눈꺼풀이 아파지면서 눈물이 왈칵 솟았다. 둘 다 군 장교인 딸 내외는 아마도 앞으로 자주 떨어져 살 것이고 주말에나 집에서 만날 것이었다. 남편은 딸이 주부로, 일하는 여성으로, 군인 장교로 그리고 언젠가는 엄마로서 살아갈 삶이 그려졌나 보다. 아빠로서 사위에게 부탁하고 싶은 말이 얼마나 많았을까. 그 말을 모두 삼키고 겨우 '주말에 설거지만 조금 해줘.' 하는 말 한마디로 대신한 남편.

시집가는 딸에 대한 안쓰러운 그 마음을 말로 어찌 다 표현할 수 있으랴. 그 많은 말을 언제 다 할 수 있으랴. 남편의 그 한마디의 무게를 나는 알겠다. 그 마음이 내 마음 같아서였을까, 등 돌리고 설거지하는 동안 나는 자꾸만 눈물이 나서 몰래 우느라 머리가 아팠다.

초대받은 결혼식에 하객으로 갔을 때, 신부가 입장하는 모습을 볼 때마다 나는 눈물이 났다. 눈물을 흘리지 않겠다고 일부러 다짐까지 했는데도 소용이 없었다. 내 결혼생활이 불행

한 것도 아닌데 왜 그렇게 눈물이 주책없이 흐르는지, 매번 당황했다. 그러하니 내 딸 결혼식은 오죽할까. 나는 딸의 결혼식이 진행되는 동안 내내 울까 봐 걱정되었다. 남편에게 고민을 전했더니 남편은 대수롭지 않게 "좋은 일인데 울긴 왜 우노."라고 말했다. 나는 환하게 웃자며 마음의 준비를 단단히 했다. 울지 말자, 좋은 일이다, 딸이 행복하잖은가 등을 되뇌기로 했다.

결혼식 당일에 시도 때도 없이 눈시울을 붉힌 것은 내가 아니라 남편이었다. 신부 손을 잡고 식장에 들어설 때 남편의 눈과 입은 웃고 있었다. 동시에 남편의 눈시울이 빨갛고 콧등이 시큰한 것이 멀리서도 느껴졌다. 그의 눈가가 촉촉해진 것을 나뿐만 아니라 하객 모두가 보았다. 혼주 자리에 앉아 남편의 얼굴을 보니, 남편 눈가에 굵은 눈물방울이 달려서 막 떨어지려 하고 있었다. 나는 얼른 장갑 낀 손가락으로 눈물을 받아내었다. 자꾸만 남편은 행복하게 웃으면서도 눈물을 흘렸다. 결혼식이 진행되는 동안 자주 남편의 눈물을 닦아 주느라 나는 울기를 멈추고 그리고 잊어버렸다.

나중에 남편에게 왜 울었느냐고 물으니, 남편은 모르겠다고 대답했다. 심지어 울지 않았다고 했다. 나중에 문득 말했다. 뭔지 모르겠다고. 그냥 기쁘고 즐거운데 마음이 이상했다고. 나도 남의 결혼식장에 가면 이유도 모른 채 울었기에, 남편의 마음은 모르지만 '왜 우는지 잘 모르겠다'는 그 말은 이해했다.

그것은 슬픔과 다르고 기쁨과도 다르며 감정이라기보다는 어쩌면 본능적이고 먼 기억 저편에서 시작한 역사의 결정체 같은 것인지도 모르겠다. 첫 아이를 안았던 그 낯선 기쁨과 책임져야 할 숭고한 생명에 대한 두려움, 아이와 나누었던 기쁨과 환희에 찬 웃음들. 그리고 가슴 태우고 감정을 추슬러야 했던 시간과 앞으로 맘껏 행복하기를 바라는 시간까지, 생각보다 먼저 일어나는 어떤 것이었으리라. 그 모든 것이 설거지만이라도 해주기를 바라는 작은 부탁으로 이어졌으리라.

설거지가 그냥 설거지를 의미하는 것이 아니란 것을 남편도 나도 그리고 사위도 알았다. 그것은 일상적인 것과 특별한 것과 예외적인 것들을 포함한 전부를 의미하는 것이었다. 누군가 조금 설거지를 거들어 주듯이 삶의 전반을 조금, 아주 조금만 덜어 주고, 이해해 주고, 배려해 준다면, 삶은 가벼우리라. 그다지 외롭지 않으리라. 힘들어도 견딜 만하리라. 그리고 끝내 행복하리라. 사랑하는지도 모르게 사랑하고, 염려하는 것은 아니지만 염려되고, 믿지만 그래도 더 확실하게 딸이 행복하기를 바라는 남편의 마음이 그 한마디에 담겼을 것이었다.

"주말에 설거지만 조금 해 줘." 하는 맑은 물에 씻은 듯한 남편의 말소리 하나하나, 부탁도 명령도 애원도 아닌 아니 이 모든 것이 섞인 처음 들어보는 낯선 억양, 찰나이지만 우주의 깊은 시간이 느껴지는 미세한 단어 사이의 거리와 잔바람에 일렁이는 물결 같은 끝말의 여운이 또렷하게 기억난다. 딸의 아버지로서 마음을 조심스럽고 낮게 내려놓는 것이 느껴졌다. 남편은 딸을 엄청나게 사랑하는구나 하는 번개 같고 천둥 같은 마음을 들었다.

대봉감

대봉감이다. 하트모양을 거꾸로 놓은 모양이다. 쳐다만 봐도 사랑받는 느낌에 미소가 돈다. 단감은 먹어봤지만, 대봉감은 부산에 와서 처음 보았다. 대봉감을 처음 봤을 때, 무슨 감이 이리도 클까, 무슨 감이 이리도 두껍나 하였다. 감의 왕족을 만난 줄 알았다. 단감이 나지막한 담장 같다면 대봉감은 높고 튼튼한 성벽 같았다.

대봉감을 받아 들고 거침없이 껍질을 깎아 접시에 담았다. 아삭하고 달콤한 맛을 기대하고 크게 한 입 깨물었다. 아, 이런 걸 뭐라고 해야 하나. 입안에 벨벳 융단이 깔렸다고 해야 하나. 모래사막이 펼쳐졌다고 해야 하나. 떫은맛이 좁쌀처럼 피어 입안을 가득 채웠다. 뭐 이런 맛도 없는 것을 주었느냐며, 대봉감을 선물한 이를 탓했다.

내가 대봉감 먹은 경험담을 험담처럼 투덜댔더니, 친구는 한참이나 웃었다. 대봉감은 항아리에 넣었다가 익는 대로 잡아먹는 것이라고 했다. 뭔 소린고 하니 그제야 대봉감 먹는 법을 알려 주었다. 대봉감은 무심한 듯 힐끗거리는 눈길과 달콤한 맛에 대한 기대와 설렘이 시간으로 더해져 나무 밖에서 익어가는 줄, 그제야 알았다. "그 녀석 참 도도한 놈일세." 하고 중얼거렸다.

내가 대봉감을 즐기지 않음에도 불구하고 해마다 지인들은 대봉감을 안겨주었다. 그때마다 뒤뜰에 놓아두고 오며가며 언제 먹을까 살펴보았다. 하루하루 대봉감의 몸짓이 낮아졌다. 언제 잡아먹을까 하는 나의 눈길에 주눅이 들어 그런가 하여 미안한 마음에 무심한 척 지나며 슬쩍 곁눈질하곤 했다. 한 해 두 해가 지나면서 대봉감이 주는 매력에 빠져들었다.

나뭇가지에서 막 건져 온 대봉감은 도시적이다. 에너지와 열정을 상징하는 주황색과 탱탱한 곡선으로 빛나는 자태는 활기찬 처녀 같다. 하루가 지나고 이틀이 지나고 사흘이 지나 나흘, 닷새, 엿새…, 날이 지난다. 천천히 붉어지고 조금씩 낮아지며 서서히 투명해진다. 대봉감은 익어갈수록 중년 여인의 젖가슴처럼 잦아든다. 욕망과 절제 사이에서 설익던 젊은 열정은 깊은 성숙으로 마침내 달콤하다.

황매산 입구에서 대봉감 한 자루를 사 들고 왔다. 대봉감을 가슴에 안고 오는데 마치 세상을 얻은 듯했다. 하나하나 물로 닦고 마른행주로 닦아 나란히 줄 세워놓았다. 나는 오며가며, 때로는 일부러 그 앞에 멈추어 오래 바라보겠지. 대봉감은 매일 나를 보며 말을 붙일 것이다. 조금만 더 기다려보라고, 적당한 때가 올 것이라고, 완벽한 순간이 올 것이라며 조바심치는 나를 달랠 것이다.

자기만의 속도로 익어가던 어느 날, 대봉감이 학수고대하던 나를 부를 것이다. 그리고 말을 건네겠지. 이제 되었다고. 적당한 때라고. 지금이 딱 좋은 순간이라고. 너도 그렇다고. 그것은 위로이자 선물일 것이다.

금단추 두 개 받던 날

시아버지는 어린아이처럼 침대 끝에 오도마니 앉아 밥 달라고 조른다. 아흔이 넘은 시아버지는 가끔 어린아이가 된다. "배고프다, 밥 주라."는 시아버지의 말에 시어머니는 서둘러 일어나 주방으로 갔을 거였다. 휘청이며 저녁을 준비하는 시어머니의 등에 삶이 둥글게 흘러내린다. 서둘러 옷소매를 걷어 올리고 주방으로 가서 시어머니를 안방으로 밀어낸다. 밥상 들고 시아버지한테 가는 사이 시어머니는 갑자기 된장찌개가 먹고 싶다며 뚝배기를 불에 올린다. 다시 방으로 쫓긴 시어머니는 주방에 있는 내게 섬세하게 된장찌개를 주문한다.

"뚝배기에 된장 두 숟가락 낫게 넣어라. 양파는 한 개 꺼내 길쭉하게 썰어라. 요즘은 그게 더 좋더라. 고추 두 개 썰어 넣고, 다시마 우린 물 거기 있으니 넣어라. 파는 어슷하게 썰고."

"예, 어머니."

시어머니가 바라는 대로 된장찌개를 끓여 밥상에 올린다. 이제 밥숟가락만 들면 되는 데, 시어머니는 불현듯 자리에서 일어나 옆방으로 간다.

"야야, 이리 와봐라."

옆방으로 간 시어머니는 깊은 장롱 서랍을 꺼내어 내용물을 펼친다.

"이건 너 시집올 때 함에 들었던 비단 보자기다. 새것 그대로재? 네 딸 시집보낼 때 쓰면 안 되겠나? 이거 봐라. 이건 내가 열일곱에 짠 베다. 곱재? 내가 베를 짜면 동네 어른들이 베 짜는 소리가 좋다고 칭찬했더랬다. 첫 작품이라 간직했던 건데 어때 이쁘잖냐. 내가 이렇게 재주가 많은 사람이었다는 걸 너라도 기억해야 한다."

필십 년도 더 지난 베 세 폭이 곱게 접혀있다. 열일곱 살 총명하고 잘 웃던 여자아이가 짜 놓은 싱그러운 베는 늙은 시어머니처럼 색 바래고 선명한 주름으로 납작하게 접혀 있다. 베를 손으로 어루만지며 시어머니의 생기발랄한 젊은 날을 상상한다. 긴 댕기 머리를 늘어뜨리고 동네 여인들 속에서 베를 짜며 깔깔깔 웃는 모습이 어른댄다. 우리 시어머니도 꽃 같은 시절이 있었구나 생각하는데, 갑자기 눈물이 뜨겁게 올라온다. "어머니, 왜 눈물이 나죠?" 하는 감정 짙은 내 목소리에 반해 "와 그렇노?" 하고 되묻는 시어머니의 목소리는 덤덤하고 손은 분주하다.

삼 층 자개장 서랍에서도 나프탈렌 냄새를 가득 담은 물건이 하나둘 나온다. 고운 보자기에 싸여 있던 물건들이 옆에 쌓인다. 보자기 안에는 시어머니가 여러 행사 때면 입었던 한복 저고리가 있고 하얀 버선도 있다. 내가 시집오자마자 큰맘 먹고 사드린 비싼 백도 나온다. "이건 대를 물려 쓸 수 있으니 잘 간직했다가 네가 쓰라 마." 시어머니는 백을 옆에 미뤄두며 말한다. 이런저런 물건 끝에 비단 주머니 하나를 집어 든다. 시어머니는 비단 주머니를 철퍼덕 앉은 다리 사이에 펼친다. 금단추 두 개가 들어있다. 주름 가득한 시어머니의 손에 막 태어난 것처럼 맨들맨들한 금단추 두 개가 빛난다.

"이거 봐라. 이 단추는 네 모가치다. 니 해라."

시어머니는 내 손을 벌려 금단추 두 개를 쥐여준다. 시집온 지 얼마 안 된 새색시 적에, 시아버지 한복의 단추를 채워드리다 금단추가 하도 예뻐서 "아버님, 이거 나중에 저 주세요."라고 말했었다.

"어머니, 그걸 기억하고 계셨어요?"

"그럼. 내가 똑똑타 안 하드나. 이건 너 줄라고 맘먹고 있던 거니 니 해라."

"나중에 주세요."

"나중에 정신없으면 니 껀지 내 껀지 모르잖니. 지금 내가 조금이라도 정신 있을 때 받아둬라. 이건 니 줄라고 내내 맘먹었던 기라. 그게 그래 보여도 몇 돈 안 되더라."

예쁜 금단추 두 개를 머뭇머뭇한 손짓으로 받아든다. 금단추를 만지작이는 사이, 시어머니는 서랍 안의 물건을 하나하나 덜어내며 물건과 연관되어 떠오르는 지난 시절을 이야기한다.

"내가 만주 도시에 살 때, 여섯 살 어느 저녁에 엄마가 집에 안 오는 기라. 골목골목을 울면서 엄마를 찾아 다녔거든. 시절이 무서운 때라 겁이 난기라. 한참 후에 엄마가 골목 저 만치서 보이는데, 어찌나 반갑던지 달려가서 엄마를 안고 울었지 뭐냐. 저녁노을을 보면 가끔 그때가 생각난다. 지금 내 나이가 울 엄마가 세상을 놓은 것보다 훨씬 많으니, 죽으면 내가 엄마보다 더 늙었을 긴데 울 엄마가 나를 알아나 보실려나."

팔십 넘은 시어머니도 어릴 적 시절이 있었고, 엄마가 보고 싶었구나 하고 생각하니 시어머니가 부쩍 더 가깝게 느껴진다.

"내가 만주에 살 때 어찌나 똑똑하던지 사람들이 늘 나를 보면 야무치다고 했었니라. 니는 내가 얼마나 똑똑했는지 모르재? 이제라도 알고 기억하고 있어야 한다. 알았재?"

시어머니의 말에 고개를 끄덕이며 "네" 하고 대답한다. 시어머니는 자꾸만 물건을 펼쳐놓고, 나는 옆에 앉아 펼쳐놓은 물건을 다시 차곡차곡 접어 정리한다.

시어머니는 만주 살 때의 어릴 적 이야기랑 거제도에서 살았던 처녀 적 이야기, 초량에서의 중년 시절 이야기를 하며 문득 웃다가, 눈시울을 붉히다가, 추스르며 세월을 굽이굽이 펴는데…. 된장찌개는 다 식어 가는데…. 갑자기 왈칵 무서워진다. 내일이라도 훌쩍 먼 길 가실까 봐. 그런 생각하는 내가 방정맞아 보여 속으로 책망하면서 시어머니 이야기를 계속 듣는데, 자꾸만 무섭다.

"내가 초량에 살 때 동네에서 옥숙이 어마이하면 모두 알아줬는 기라. 온 동네 사람들이 맨날 우리 집에 와서 먹고 놀고 했니라. 그 동네에서 계를 했는데 내가 가장 미덥다고 날더러 오야하라 안 했나. 나만 한 사람 없다고 해서 계를 몇 개나 했는지 모른다. 돈도 많이 뜯겼다. 그거 갚는다고 욕도 봤재. 그래 바빠도 내는 철 따라 옷 해 입고 관광 안 갔나. 지금 이래 쭈그러져 있어도 열심히 살았고 남들 다 알아줬다. 이젠 니가 느그 시애미가 얼마나 열심히 살았는지 알아주면 안 되겠나."

배고프다 하시더니 그것도 잊어버리고 장롱 서랍 두 개와 자개장 세 칸을 비우면서 과거로만 과거로만 흘러간다. 시어머니의 긴긴 삶이 장롱 서랍 두 칸과 삼 층 자개장에 모두 담긴 듯한 밤. 기나긴 삶도 접어 접어 넣어두면 서랍에 모두 담아둘 수 있는 것일까. 나프탈렌 냄새 묻은 색 바래고 차분한 물건들에 둘러싸여 시어머니와 단둘이 나룻배 타고 세월을 노 젓는데, 왜 그렇게 내가 슬펐을까. 너는 알아주라, 너는 기억하라는 시어머니의 말이 왜 그렇게 깊은 강물처럼 들렸을까.

금단추를 건네주고 머지않은 날에 시어머니는 갑자기 세상을 떠났다. 급작스러운 일이었다. 인간은 인간의 일을 몰라 허둥지둥 살지만, 영혼은 삶의 결을 알아 무심결에 정리한다고 들었다. 그날이 그랬을까. 된장찌개가 무척 먹고 싶던 그날, 시어머니는 당신이 갑자기 떠나면 막내며느리 손에 금단추 두 개 못 줄까 봐, 당신의 아름답던 시절이 흔적도 없이 사라질까 봐, 세월을 담아 두었던 서랍을 열었나 보다.

가끔 금단추 두 개를 본다. 시집온 지 얼마 안 되는 철없던 며느리가 '이거 나중에 저 주세요.' 했던 말을 기억하던 시어머니. 철딱서니 없다고 혀를 끌끌 찰 만도 한데, 곱게 곱게 기억을 접어 장롱 서랍에 넣었다가 금단추 두 알로 내게 주었다. 단 한 사람이라도 의미 없는 죽음은 없으며, 이야기 없는 죽음도 없는 법이다. 금단추 두 개는 똑똑한 어린아이였고, 명랑한 처녀였고, 믿음직한 이웃이었으며, 따뜻했던 시어머니의 생을 반짝이며 들려준다. '야야, 너만이라도 나를 기억하라'던 시어머니의 마음을 듣는다.

삼일절 기념식

삼일절 기념식이 있었다. 언제부턴가 국경일 기념식 중계방송을 열심히 보고 있다. 과거의 기념식은 지루했으며 나와는 상관없는 행사 같았다. 방송사마다 재미도 없는 기념식을 중계 방송하는 것이 못마땅했고, 그것을 쳐다보는 것은 시간 낭비라고 생각했다. 그런데 최근 몇 년 동안 중계방송을 기다리며 관계자가 어떤 말을 하고, 대통령이 어떤 메시지를 전달하고 있으며, 관련된 자들은 어떤 주제 속에 참여하고 있는지 세심히 살피고 있다. 더구나 드라마를 보듯 감동의 눈물을 흘리고 손뼉을 치는 등 적극적이고 능동적인 반응을 하고 있다.

초등학생 때는 국경일마다 거행하는 기념식이 싫었다. 공휴일이라 학교 수업은 없었지만, 아침에 학교 운동장에서 기념식을 해야 했다. 기념식만 없다면 얼마나 좋을까, 온종일 놀 수 있을 텐데 하면서 그때마다 투덜댔다. 특히 3.1절과 광복절 기념식이 싫었다. 다른 국경일이 학교 가는 날에 쉬는 기분이었다면, 3.1절과 광복절은 쉬는 날에 학교로 불려 가는 기분이었다. 3.1절은 봄방학 마지막 날이라 그랬고, 광복절은 여름방학 중간에 있어서였다.

3.1절은 무엇보다 추워서 싫었다. 내 고향 연천은 3월에도 눈이 쌓여있고 손발이 시렸다. 삼일절 행사 때문에 십리 길을 걸어 학교에 가야 했다. 등교 시간보다 조금 늦게 가도 되었지만, 추운 날 굳이 재미도 없는 기념식을 하러 학교에 가는 것은 우거지상이 되는 일이었다.

이른 아침에 도착한 운동장은 봄기운에 녹아 질척했던 어제의 흔적 그대로 얼어 있었다. 울퉁불퉁한 살얼음의 땅을 밟으면 바스락거리며 지구 한 귀퉁이가 비스킷처럼 부서지는 소리가 났다. 운동장에 아이들은 길게 줄을 서서, 심심해서도 그렇고 추워서도 그러하여 발을 구르듯 땅을 꼭꼭 밟았다. 알아들지도 못하고 재미도 없는 교장 선생님의 훈화 말씀에 몸은 난로 뚜껑 위의 쫀드기처럼 뒤틀리고, 입은 오리 입만큼 튀어나왔지만, 줄 따라 오르락내리락하는 담임 선생님이 무서워 발만 꼼지락대었다.

햇살이 학교 운동장을 비추기 시작하면 운동장이 다시 질퍽해지기 시작했다. 질어진 흙 속에 발이 조금씩 잠겨 들어가고, 더는 못 견디게 지겨울 즈음, 음악 선생님이 교단에 올라 지휘하였다. 우리는 기념식 노래를 불렀다. 기미년 삼월 일 일 정오…. 노래가 끝나고 해산 명령이 내려지면, 우리는 평평하게 다듬어 놓은 운동장에 다시 울퉁불퉁 발자국을 찍으며 집으로 돌아갔다.

광복절 기념식은 여름방학 중에 있었다. 방학은 모름지기 늦게 일어나고 맘껏 하루를 소유해야 신이 나는 법인데, 아침 일찍 일어나 학교에 가야 하니 광복절이 어찌 좋을 수 있으랴. 짧은 옷을 입고 집을 나서지만 학교와 집 중간쯤에 다다르기도 전에 땀이 흐르기 시작했다. 동그란 운동장엔 오랜만에 보는 아이들이 왁자지껄 시끄러웠다. 시골 아이들이 햇볕에 그을리는 것은 당연하지만, 여름방학 중에 만난 아이들은 더 까맸고, 반가운 수다는 까만 얼굴에 옥수수 알처럼 드러났다.

늘 그랬듯이 웅얼웅얼 애국가를 부르고, 교장 선생님의 재미없는 이야기를 귓등으로 들었다. 그 시간이 지루해서 발끝으로 땅에 구멍을 파면서 빨리 끝나기를 기다렸다. 우리보다 먼저 등교한 햇살이 운동장을 데우고 아이들 머리 위에 뜨겁게 쏟아지면서 벌써 지구가 핑 도는 아이도 있었다. 공부하는 것도 아니고 조회만 서서 애국가와 광복절 노래를 부르러 오는 것이 도대체 무슨 짓이냐며, 집으로 돌아가는 길 내내 구시렁댔다. 여름방학 오전 한 토막을 그렇게 잘라버린 것이 못내 아깝고 억울해서 도돌이표처럼 투덜거렸다.

현충일은 다른 국경일과 조금 달랐다. 인기 있던 전쟁 드라마 '전우'를 통해 전쟁과 국군의 희생에 대한 간접 경험을 했고, 거기에 약간의 상상이 더해져 그날의 의미를 조금은 알았던 것 같다. 10시 사이렌 소리에 묵념할 땐 마음을 다하였으며, 매번 그들의 희생에 감사의 눈물을 보이기도 했다. 지금도 현충일 추념식 노래를 흥얼대다 울컥하곤 한다.

음악 시간에 배우고 익힌 기념식 노래들은 지금도 몇 소절 잊기는 하였으나 대체로 잘 따라 부른다. 어린 시절에 감동 없이 부르던 기념식 노래의 가사가 의미 있게 다가오고, 노래의 음 따라 감정도 오르내리는 것을 보니 이제야 국경일의 의미를 아는가 싶다.

지금의 내가 어찌 나 혼자 달랑 태어나 존재하랴. 거미줄 같은 삶의 얽힘을 이제는 이해할 나이가 된 게다. 삼일절 노래를 부르며 그날 방방곡곡에서 태극기를 흔들며 만세를 외치던 조상을 하나하나 만나듯 상상한다. 소리 없이 어떻게 준비하였으며, 겁 없이 어떻게 거리에 나섰을까. 그 과정과 현장을 미루어 짐작해 보아도 믿기지 않고 그 마음이 어떠한지 헤아려지지 않는다. 그날에 내가 거기에 있었다면, 겁 많고 게으른 나도 태극기 한 장 손에 쥐고 거리로 뛰어나갔으려나. 생각만으로도 그 무리에 내가 보이지 않으니, 더더구나 유관순 열사 같을 수는 없으리라.

굳이 빨간색으로 표시하고 공휴일로 정한 것은, 그런 날이 있음을 기억하고, 그날의 의미를 새기자는 뜻일 것이다. 내가 그때 그곳에 없었고, 그날의 일을 알지 못한다고 해도 그날은 역사로 남아 있다. 그리고 그 혜택은 지금 여기에서 내가 누리고 있다. 과거의 고단함을 모르면 감사는 사라지고 불평과 오만만 남는다. 그날을 살아낸 사람들에게 허리 숙여 깊은 감사를 드려야 하리.

요즘은 기념식의 형식이 다채로워지고 재미있어졌다. 나는 기념식을 즐거운 것은 즐거운 대로, 슬픈 것은 슬픈 대로 축제처럼 즐겼으면 좋겠다고 생각한다. 어릴 적 기념식이 싫었던 기억 때문인지 모르겠다. 과거는 현재의 필터를 통과하여 미래로 가는 내비게이션이 틀림없다. 기념식을 통해 과거를 즐겁게 배우고 내일을 꿈꾸었으면 하는 마음이다.

오늘 삼일절 기념식은 코로나로 고생하고 있는 의료진과 삼일절 당시의 의료진들이 겪은 수고로움을 강조하였다. 코로나19 속에서 일상을 포기하고 때로는 목숨을 걸며 본분을 다하는 의료진들이 삼일운동을 했던 선조들과 무엇이 다르랴. 시대마다 그런 분들이 있어 세상은 굴러가고 우리는 살려졌다. 오늘의 삼일절 기념식은 이 나라를 지키려 했던 조상들과 더불어 의료진에게 감사하는 시간이었다.

펜팔

중학교 2학년 1학기, 중간고사 시험공부를 하다 『월간 최신 가요』라는 책을 집어 들었다. 한 달에 한 번 발간되는, 최신 가요의 악보와 가사, 연예계 소식을 담은 잡지였다. 책 맨 끝에 펜팔란이 있었다. 이름, 나이, 주소, 좋아하는 것, 만나고 싶은 이상형 등 펜팔을 원하는 신청자를 모아놓은 페이지였다. '마음을 나누는 친구를 만나고 싶다'는 글에 눈이 갔다. 용기였을까, 호기심이었을까. 어쩌면 내가 마음을 나누는 친구가 필요했는지도 모른다. 나는 그에게 밋밋하지만 진솔하게 편지를 썼다. 답장을 기대하진 않았다. 주소가 정확한 것인지조차 확신이 없었으니까. 두어 달이 지났을까. 우체부의 '편지요' 하는 소리가 들렸다.

'어쩌다 펜팔란에 올랐나 본데'로 시작한 답장이 기억난다. 많은 편지가 왔고 모두 무시했는데 왜인지 이 편지는 답장해야 할 것 같아 쓴다고 했다. 거짓말인지도 모른다. 어쩌다 펜팔란에 올랐다는 말도 그렇고, 편지를 많이 받았다는 것도 그렇고, 내 것만 눈에 띄었다는 것도 그렇다. 그런데 그 말들이 미끼같이 내 마음을 잡았다. 삶이란 일상의 구슬이 '어쩌다'라는 실로 꿰어지는 것이 다반사가 아니던가. '어쩌다'라는 우연이 인연처럼 운명처럼 내게 현실로 오는 것이다.

펜팔이 시작되었다. 편지는 사춘기 소년 소녀가 청년이 되어가는 십이 년 동안 계속 오갔다. 수취인은 목포 사는 동갑내기 남자아이 J. 자음의 각이 날카롭지 않고, 아기자기하면서도 반듯한 느낌의 글씨체를 가졌다. 문장과 문장 사이에 머물던 마음이 따뜻하고, 일상을 섬세하게 그려내며 수다할 수 있는 감성을 지닌 아이였다.

그 당시 나는 일기장에 '죽고 싶다'를 써대던 시기였다. 세상 모든 것이 암울하여, 세상을 버릴까 어둠을 뚫을까 매일 묻던 날들이었다. 내 안에서 피어나던 절망의 검은 구름을 J에게 비처럼 글로 쏟아내었다. J도 사춘기이긴 마찬가지였다. 시시콜콜 우리는 자신과 자신을 둘러싼 세상에 대해 편지로 수다를 했다. 너무 멀어서 안심되었고, 성性이 달라 편안해서 좋았다. 우체부는 매일 또는 하루걸러 자전거에 설렘을 싣고 와 대문 앞에 두고 갔다.

고등학교 마지막 겨울 방학에 얼굴 한번 보자고 약속했다. 광주역 시계탑에서 보기로 했다. 나는 식구들에게 친구 집에 간다고 말하고는 난생처음 호남선을 탔다. 모험이었다. 광주역에 도착하니 이미 저녁이었고, 시계탑을 지나는 사람 중에 사진 속의 남학생은 보이지 않았다. 바람맞았나. 한 달 전에 편지로 약속을 주고받았으니 잊었을지도 모른다. 편지를 다시 봐도 날짜와 장소는 맞는데…. 아무래도 J는 오지 않았나 보다. 돌아가야겠다 싶어 자리를 뜨려는데, 키 큰 남자가 다가와 전라도 억양으로 "어디 가야?" 하며 말을 걸었다. 깔끔한 콤비 차림에 안경을 쓴 청년이 서 있었다. J였다.

준비한 인사말을 잊은 채 머뭇대고 있는 내게 따라오라며 J가 앞장섰다. 목포행 버스를 탔다. 중 고등학교를 지나며 일상의 희로애락을 시시콜콜 나누어서 그런지 사촌을 만난 것처럼 금방 편해졌다. 달이 쫓아오는 버스에서 조용한 수다를 했다. 광주 누나 집에 가기로 했는데 갑자기 누나 집에 일이 생겨 다시 목포로 간다고 했다. J가 데려간 곳은 자기 집이 아닌 아는 형의 자취방이었다. 낮고 허름한 방 두 칸이 어수선하고 칙칙했다. "일이 그렇게 되었다"며 미안하다는 J의 말에 아마도 어머니에게는 말을 못 했구나 싶었다.

밤이 깊었다. J와 방을 하나씩 차지하고 잠을 청했다. 난생처음 먼 길을 긴장 속에서 왔으니 지쳤겠지, 잠깐 잠이 들었나 싶었는데 뭔가 답답했다. 눈을 뜨니 J가 나를 보고 있었다. 무섭거나 당황했다기보다는 뭔가 성가신 느낌이 들었다. 짧은 시간이었을 것이다. 어떻게 내가 행동해야 우리의 우정을 잘 지킬 수 있을까 생각하고 있는데, J가 불을 켰다. J가 일어나 앉아 보라며 방바닥을 손바닥으로 탁탁 쳤다.

"니는 공부도 잘했다면서 애가 왜 그렇게 맹 허냐. 겁도 없이 여기까지 오고. 가잔다고 따라오질 않나. 안 되겄다. 세상 무서운 줄도 모르고 남자 무서운 줄도 모르니 공부 좀 해야 쓰겄다."

J는 한밤중에 나를 앉혀놓고 이야기를 시작했다. 편지로는 말 안 했지만 자기는 놀 만큼 놀았단다. 표창이라는 것도 보여

주는 데 깡패들이 가지고 다니는 것이라나. 자신은 고등학교 3학년 때 여자 친구와 잠깐 살아봤고, 직장 경험도 있다면서 이런저런 이야기를 아이한테 가르치듯 일러주었다. 나는 긴가민가하며 들었다.

세세한 내용은 잘 기억나지 않는다. 다만 J가 해준 말 중에 지금도 금과옥조처럼 간직한 말이 하나 있는데 '남자는 이성만 돌아오면 안전해'라는 충고이다. 내게 남자 친구가 많은 것은 J의 그 말 덕분이다. 긴긴 대화를 마치고 나는 여명 속에 잠들었다. J는 잠을 자지 않고 옆방에서 나를 지켰던 것 같다. 다음날 유달산을 오르고 영산호를 걸었다. 그날 돌아오는 기차에서 J에게 반가웠고 고마웠다는 편지를 썼다.

J도 우리 집에 다녀갔으며, 대학 축제 때도 놀러 왔다. J와 영등포에서 종로까지 오래 걸었던 날이 생각난다. 학교와 시험공부 이야기를 하던 우리는 어른이 되어 직장 이야기를 하고 상사의 흉을 보았다. 지치도록 걷고 목이 아프도록 수다하다가 대학로 근처에서 J가 말했다. 이제 친구가 아닌 연인이 되고 싶다고. 실망과 슬픔과 미안함을 동시에 느낄 수도 있는가. 그때가 그랬다. 나는 한 번 친구는 영원히 친구라며 왜 노선을 바꾸느냐고, 나는 그러고 싶지 않다고 했다. 그날이 우리

가 마지막으로 본 날이었고, 주고받던 편지에 마침표를 찍은 날이었다. J와 나는 십이 년 동안 수백 통의 편지를 주고받았고, 네 번 만났다.

암울했던 사춘기가 빛나게 느껴지는 것은 내 안의 어둠을 글로 드러내어 편지로 떠나보내서가 아닐까. J에게 편지를 쓰는 시간은 힘들고 우울한 마음을 걷어내는 위안의 시간이었으며, 투덜대며 부정적으로 생각하던 일상을 긍정적이고 밝게 정리하는 정화의 시간이었다. 슬픈 것은 슬픈 대로 기쁜 것은 기쁜 대로 나를 이해하고 내 편을 들어주었던, 크면 좋은 어른이 되자고 했던 친구 J. 지금은 어디선가 아들딸 낳고 잘살고 있겠지. 그의 주소를 알게 된다면 하얀 편지지에 친근한 안부를 잉크로 번지고 싶다.

귀신이 필요하다

고등학교 야간 자율학습을 끝내고 막차에서 내린다. 일찍 잠든 동네는 까맣고 잠잠하다. 버스조차 드문드문 다니는 동네이고 오가는 자동차도 없다. 가로등도 없다. 동네로 들어서는 입구에 옥수수밭이 훌쩍 서 있다. 기다란 잎줄기가 언뜻 손짓하고 머리 푼 아기 귀신들이 옥수숫대에 매달려 빼꼼히 나를 쳐다본다. 만귀잠잠한 밤중에 오직 저벅저벅 발소리만 들리는데, 그게 나의 것인지 다른 누구의 것인지 분간이 가지 않아 섬뜩섬뜩하다. 옥수수밭을 지나는데 슬쩍 누군가 내 팔을 건드린다. 화들짝 놀라서 팔을 당겨 몸에 붙인다.

달아나듯 쫓기듯 달음질쳐 옥수수밭을 지나 현이네 집 앞을 지난다. 현이네 멍멍개가 짖는다. 한밤중에 개 짖는 소리가 이렇게 반가울 줄이야. 담장을 끼고 몇 발짝 걸으면 우물이다. 오른쪽이든 왼쪽이든 우물을 지나야 우리 집이다. 멈칫한다. 깜깜한 밤엔 까만 우물의 형상이 서늘하다. 그 옆, 힘없이 늘어뜨린 고개를 흔들흔들 돌려서 나를 보는 까만 사람. 휘적휘적 손을 들어 나를 부른다. 낮에는 해바라기지만 밤에는 매일 귀신이다. 달 밝은 밤조차 오싹하다. 달빛에 반짝이는 하얀 우물이 귀신의 옷자락인가 싶어 무섭다. 이래저래 오금이 저린다.

숨을 크게 들이쉬고 '별거 아니다, 별거 아니다' 주문을 외며 걸음을 총총히 하여 우물을 비껴간다. 우물을 막 스쳐 지나는데 무언가 차가운 것이 내 팔을 잡는다. 아악! 뒤도 안 돌아보고 뿌리친다. 팔을 집요하게 잡고 있다. 놓아주질 않는다. 가방이고 뭐고 다 내던지고 필사적으로 나를 잡고 있는 것을 떼어내는데, 떨어지지 않는다. 울음도 나오지 않는다. 살려달라고 소리쳐야 할 것 같은데 목소리도 나오지 않는다. 심장이 멎어 죽을 것 같다.

'하하하' 귀신의 소리다. 틀림없다. 계속 귀신이 웃는다. 내

팔을 놓는다. 도망가려는데 "이제 오냐"는 인사가 들린다. 귀에 익은 목소리다. 고개를 돌려보니 창수 오빠다. 우물에서 훌쩍 튀어나온 오빠는 옷까지 까맣게 입고 있다. 그제야 눈물이 난다. 다리의 힘이 풀려 주저앉는 내게 괜찮으냐며 오빠가 다가온다. 킥킥 웃으며 "뭘 그리 놀래? 세상에 귀신이 어디 있냐!" 하고는 가버린다. 나는 씩씩대며 눈물을 주먹으로 닦으며, 가방을 주섬주섬 가슴팍에 껴안고 집으로 간다. '두고 봐라.' 하고 마음은 벼르지만 무얼 할지는 모른다.

창수 오빠는 우리 옆집에 산다. 시골에서는 보기 드문 하얀 피부에 선량하고 커다란 눈을 가졌다. 친절했지만 개구졌다. 노래도 잘했고 말도 잘했다. 말재간이 얼마나 좋은지, 오빠가 이야기하면 정신 줄을 놓고 들었다. 창수 오빠는 심심한지 여름밤이면 우리 네 남매를 불러 귀신 이야기를 해주었다. 이야기를 들려주는 장소는 집이 아니었다. 화장실 앞이거나 우물 아래 또는 음습하게 어두운 마당 구석이었다. 가끔은 조금 걸어서 마을 끝의 창고로 갔다.

어마어마하게 큰 창고는 항상 문이 닫혀 있었고, 사용하지 않은 문은 녹이 슬었다. 그 창고 안에 죽은 사람의 뼈가 있다는 이야기가 돌고 있었다. 주변에는 풀들이 무성했는데, 오빠는 가끔 그 창고까지 굳이 우리를 데리고 갔다. 문 앞에서 창고 안을 휘도는 음산한 소리를 배경으로 하여 오빠의 이야기를 들었다. 쪼그리고 앉아 턱을 두 손바닥으로 받쳐 들고 귀를 기울였다.

가끔은 창수 오빠와 우리 오빠가 모의했다. 창수 오빠가 화장실 앞에서 귀신 이야기를 하면, 미리 숨어 있던 우리 오빠가 화장실 문을 스윽 연다거나, 댑싸리 나무숲에 숨었다가 이야기에 맞춰 나무를 마구 흔들었다. 우물 뒤에서 플래시를 얼굴 밑에서 비추며 귀신처럼 스윽 올라오기도 했다. 우리 세 자매는 비명을 지르며 혼비백산했다. 심지어 울기도 했다. 오빠 덕분에 귀신은 넘쳐났고 여름은 시원했다.

십여 년 전에 고향에 갔다. 도로 옆 옥수수밭은 여전히 푸르고 나이 먹은 현이 집도 있었다. 컹컹 짖는 개 한 마리도 문 앞에 길게 누워 있었다. 우물과 까맣게 나를 부르던 해바라기는 소방도로 아래 묻혀 보이지 않았다. 창수 오빠가 살던 집과 우리 집도 신기루처럼 기억 속에서 아른거릴 뿐 넓은 도로 아래 묻혔다. 기억의 단서조차 사라진 고향이라니, 허전했다.

서로서로 사람인지 귀신인지 의심하며 조바심에 달음질쳐 걷던 어린 시절, 별도 달도 없는 밤은 까맸다. 요즘엔 불빛이 어둠보다 흔하다. 귀신이 숨어 있을 곳이 없다. 여름날 밤마다 등줄기에 매달려 서늘하게 하던 나의 귀신들은 다 어디로 갔을까.

다시 여름이다. 덥다. 귀신이 필요하다. 눈을 작게 뜨면 덜 보이는 것도 아니건만 실눈을 뿌옇게 뜨고, 손으로 눈을 가리고 손가락 틈으로 숨죽이며 보던 구미호가 그립다. 창수 오빠의 오싹한 이야기가 다시 그립다.

이제는 포근해진 밤

대보름이 지나고 하루가 더 지난 밤, 이제야 달이 나왔네. 약간 갸름해진 달의 낯빛이 여전히 밝아서 반가웠어. 베란다에 놓인 빨래건조대에 앙상한 달빛을 윤슬처럼 걸쳐놓고 천천히 달은 새벽으로 가고 있었지.

평소보다 반 시간이나 이르게 잠자리에 들었어. 이불속에 들어왔는데 이상하게 춥지 뭐야. 으슬으슬한 것이 몸살기인가 했는데 그것과는 약간 달랐지. 옆에 남편이 누워있는데도 이불 안의 공기가 데워지지 않았어. 낮에 언덕길 내려가는 중간쯤에 있던 커다란 동백나무, 빨간 동백꽃을 막 익어가는 과일처럼 살며시 내어놓고 있었지. 아, 봄이 벌써 왔구나 싶어 방의 난방을 꺼놨었지. 그것 때문이었을까, 이불 안은 겨울 새벽처럼 차갑기만 했어.

내 체온으로 덥히며 살아온 세월 아니던가 싶어 기다려보기로 했는데, 계속 한데 누워 있는 듯 추운 거야. 내가 이리도 차가운 사람이었나, 내가 이리도 추위를 타는 사람이었나. 일어나 난방을 켰지. 이불 두 겹을 덮고도 발이 시리고 옆구리가 시려, 염하듯 내 몸 따라 이불을 꼭꼭 눌러 주었지. 왜 이리 추울까, 왜 이리 시릴까. 싸우고 돌아선 사람의 눈길같이 차가운 나의 밤은 잠들지 못하고 선명해지기만 했어.

휴대전화를 열어 사진을 보았지. 2012년, 벌써 12년 전이니 오래도 되었네. 아이들은 어렸고 남편은 더 젊었으며 그때의 나도 꽃이었네. 몸은 데워지지 않은 데다가 이불 밖에 나온 두 손은 시려왔어. 그때 고양이가 이불을 들썩거리며 파고드는데, 춥다고 말해도 못 들은 척 이불을 파고 들어가 내 발목을 베고 눕더군.

사진 속의 가족은 모두 함박웃음을 지었어. 웃음 사이에 다툼도 있었고 눈물도 있었고 두려움과 외로움도 있었던 게 분명하건만, 흔적 없는 기억이란 무효인가 봐. 빨간 동백꽃같이 선명하게 좋았던 사진 속의 추억, 더없이 그리워 과거로 훅 빨려 들어갔다가 핼쑥해진 달빛에 끌려 나왔네. 가족 SNS에 우리가 함께 웃었던 사진 몇 장 올리는데, 왜 그랬을까. 눈물이 주룩 흘렀어. '웃다가 눈물 나는 밤'이라는 글 한 줄 올리니 큰아이가 깨어있었던가, '엄마 갑자기 웬 추억여행. ㅎㅎ 이때 무척 즐거웠었다.'며 대꾸하더군. 나도 너희 덕분에 많이 웃었다며 답글 쓰고, 늦었으니 얼른 자라고 엄마다운 말을 남겼지.

문득 발목이 따뜻해졌네. 고양이의 작은 체온이 발목을 데웠을까. 보일러가 돌아가서였을까. 딸의 말이 훈기를 끌고 왔는지도 몰라. 이제야 남편의 온기도 느껴지며 이불 안이 포근해졌어. 달은 한 뼘이나 서쪽으로 자리를 옮기고 빨래 건조대의 윤슬은 마르지 않고 여전히 빛나는 밤. 비로소 따뜻해진 이불속 온기에 몸이 녹아들수록 잠도 풀어져 내게 스며드는 밤. 고양이의 가벼운 무게가 뒤척이고, 휴대전화의 푸른 불빛은 닫히고, 시린 손도 이불속으로 들어와 따뜻해지는, 이제는 다 좋은 밤.

아빠 곧 봄이 올 거예요

나와 두 동생은 부모님과 커다란 방에서 함께 지냈다. 맨 윗목에는 아버지가 눕고 맨 아랫목에는 내가 누웠다. 그 사이에 엄마와 두 동생이 있었다. 밤마다 엄마의 앓는 소리가 들려왔다. 엄마는 고된 노독으로 밤이면 끙끙 앓았다. 아버지의 술 냄새도 엄마를 넘고 두 동생을 건너왔다. 산더미 같은 빚이 아버지 어깨에 있었다. 엎친 데 덮친 격으로 농사가 자연재해로 계속 망가졌다. 망연자실한 아버지는 날마다 술을 마셨고, 시름 깊은 아버지의 술 냄새가 방 안을 안개처럼 채웠다.

농사일이 없는 겨울, 엄마는 돈을 벌기 위해 한 번도 해본 적이 없는 행상을 시작했다. 손에 장갑을 끼고 두둑한 솜옷을 입어도 추운 경기도 북부의 겨울. 엄마는 변변치 않은 옷에 맨손으로 큰 고무대야를 머리에 이고 매서운 바람 속을 걸어갔다. 김이며 이런저런 반찬거리를 팔러 이 동네 저 동네를 걷고 또 걸었다. 저녁이 되어서야 꽁꽁 얼어붙은 몸으로 돌아온 엄마는 밤이면 그렇게 앓아야 했고, 아버지는 그게 속이 상해 술을 더 마셨나 보다.

다음 해, 엄마는 행상이 신통찮았던지 가을걷이가 끝나자마자 서울로 남의집살이를 하러 떠났다. 엄마 없는 겨울의 우리 집은 추웠다. 아무리 불을 때도 구들장만 뜨거울 뿐 추운 바람이 집안을 휘돌았다. 아버지는 엄마가 서울로 가버리자, 술을 더 많이 마셨다. 밤마다 술을 마시고 휘적휘적 돌아왔다. 그럴 때면 나와 어린 동생들은 바짝 긴장했다. 아버지는 술을 많이 마셔도 큰소리를 내거나 주먹을 휘두른 적이 없었다. 하지만 아버지의 초점 없는 시선과 무거운 숨소리, 짙은 술 냄새는 우리를 불안하게 했다.

어느 날, 휘청이는 아버지의 발소리가 들렸다. 동생들은 깊은 잠에 빠졌는지 눈을 꼭 감은 채 누워 있었다. 나는 벌떡 일어났다. 흔들리는 아버지가 쓰러지지 않도록 부축하고, 이불을 펴 아버지를 자리에 눕게 했다. 부엌으로 가 물 한 대접에 설탕을 듬뿍 넣어 설탕물을 만들었다. 술을 마시고 나면 아버지는 속이 아프다고 했고, 설탕물은 아버지의 아픈 속을 달래는 약이었다.

그날따라 아버지는 술에 취해도 취한 것 같지 않은지 다시 술을 찾았다. 막걸리 한 되 받아 오란다. 나는 추운 칼바람을 헤치고 달려가 주전자에 막걸리 한 되를 받아 왔다. 두어 가지 안주를 올린 술상을 아버지 앞에 놓고 나는 옆에 앉았다. 대접에 막걸리를 따라 아버지에게 드렸다. 아버지가 막걸리를 마셨다. 아버지가 울기 시작했다.

하늘 같은 아버지가 운다. 내리 몇 년에 걸쳐서 하는 일마다 실패한 아버지. 차곡차곡 쌓여만 가는 빚에 갇힌 아버지. 그래서 남의집살이하러 가는 엄마를 붙잡지 못한 아버지가 고개를 숙이고 어깨를 들썩이며 컥컥 소리 내어 운다. 나도 따라서 운다. 누워 자던 동생들도 일어나 저희끼리 보듬고 앉아 운다. 방 안이 눈물바다가 된다.

나는 엄마가 집을 떠나면서 아빠와 동생들을 잘 돌보라고 당부했던 말을 떠올린다. 울음을 그치고 동생들을 달랜다. 괜찮다고, 괜찮을 거라고 말한다. 그런 다음 아버지 곁으로 가 아버지의 콧물을 닦아 드리고 눈물을 닦아드린다. 아버지를 안는다. 아버지는 열다섯 살 어린 딸에게 기대어 소나기 같은 눈물을 쏟는다. 나는 아버지의 머리를 안으며 말한다. "아빠, 곧 봄이 올 거예요. 조금만 더 견뎌 주세요. 봄이 오면 엄마가 돌아올 거예요. 그러면 또 농사를 지으면 돼요." 아버지는 "아빠가 못난 탓이다. 아빠가 못나서 엄마도 고생이고 너희도 고생이고…."라고 자신을 탓한다.

나는 아버지마저 훌쩍 어디론가 떠나버릴까 봐 덜컥 겁이 난다. 마음으로 아버지의 낡은 옷자락을 부여잡는다. 아버지는 허공을 치듯 허탈하게 자신을 탓하다가 쓰러지듯 잠이 든다. 나는 아버지에게 이불을 덮어드리며 지친 아버지의 얼굴을 본다. 아버지는 우리보다 더 많이 엄마를 기다리고 있으리라.

길고 긴 겨울밤이 짧아지고, 남쪽에서 따뜻한 바람이 불어오면, 엄마는 집 떠날 때처럼 옷 보따리를 들고 다시 올 것이다. 겨우내 낯선 곳에서 힘들게 번 돈을 들고 씩씩하게 들어올 것이다. 엄마가 오면 우리 집에도 봄처럼 분홍빛 꽃이 피고 노란빛 웃음도 화사할 것이다. 나는 절망 같은 눈물에 희망을 애써 징검다리로 놓으며, 아버지가 영영 그 눈물에 휩쓸려가지 않기를 기도한다.

지난봄에 동생이 한 장의 사진을 보내왔다. 이제는 노인이 된 부모님이 거실에 마주 앉아 있고, 두 분 사이에는 마늘이 들어 있는 커다란 양푼이 있었다. 아버지는 안경을 끼고 아기처럼 다리를 벌리고 앉아 마늘을 까고 있었다. 엄마는 오른쪽 무릎을 세우고 앉아 마늘을 까다가 고개를 젖히고 윗니가 보이도록 웃고 있었다. 아마도 아버지가 해준 이야기가 우스워 잘 웃는 엄마가 파안대소하는 순간인 것 같았다. 사진 속에서 거실은 편안함이 가득해 보였고, 두 분 사이에서는 따뜻한 애정이 흐르는 것이 느껴졌다. 엄마의 시원한 웃음소리도 들리는 듯했다. 사진 속 두 노인의 일상이 매일 똑같을 것 같아 마음이 평화로웠다. 문득 무언가 가슴 가득 차오르며 눈가에 눈물로 찰랑대다 햇살처럼 미소로 번졌다.

4부

한 번 더,
다음에도 다시 한 번 더

겨울 산을 보면

엄마, 겨울 산을 보아요. 산등성이마다 서 있는 나무들이 연필로 그어놓은 듯 선명해요. 앙상한 나뭇가지가 가득한 산을 보면 엄마에게 달려가 알려 주고 싶어요. "엄마, 저기에 나무가 많아요." 그러면 엄마는 붉은 스웨터에 회색 털모자를 쓰고, 리어카를 끌면서 산속으로 들어가겠지요.

겨울이면 엄마는 산에 나무하러 갔어요. 겨우내 구들장을 데우기 위한 땔감을 구하기 위해서였지요. 오 학년 겨울 방학 아침, 늦게 일어나 윗목에 있는 밥상으로 갔어요. 엄마가 덮어

놓고 간 보자기를 들어내면, 동그란 밥상에 밥과 반찬이 올망졸망 모여 있었지요. 저는 우물우물 밥을 먹으며 하루를 계획했습니다. '오늘은 방죽에 썰매 타러 가야지. 그리고 오후가 되면 엄마를 찾으러 가야겠다. 엄마가 오늘은 워러지 뒷산에 간다고 하셨으니.'

해가 서쪽으로 기우는 세 시와 네 시 사이에 산에 갔어요. 나무로 뒤덮인 거대한 산을 마주하면 왠지 머릿속이 하얬지요. 어디에 엄마가 계실까. 이리저리 살펴보아도 산에는 아무도 없습니다. 산을 향해 소리쳤지요. "엄마." 그러면 어디선가 대답처럼 두툼한 것이 구르는 소리가 났어요. 아, 엄마가 저기에 계시는구나. 소리를 따라 산골짜기를 돌면 나무 사이로 빨간 스웨터를 입은 엄마가 보였어요. 나무하는 엄마가.

엄마는 제가 옮길 수 있을 만큼 나뭇가지를 묶어서 산 아래로 굴려 보냈어요. 나뭇짐을 찾아 리어카 근처에 갖다 놓느라 홀로 산을 오르내리다 보면 제 마음이 적막해졌지요. 엄마도 하루 종일 이랬겠다 싶었습니다. 엄마가 낫질을 더 하고, 제가 산을 오르락내리락하는 사이 산그늘은 산봉우리까지 올라갔지요. 그즈음에 엄마가 산에서 내려왔어요.

엄마는 제가 지고 갈 나뭇짐은 작게 만들면서, 엄마의 것은 어찌나 크게 만들던지, 마지막에 엄마가 지고 내려오는 나뭇짐은 산 같았습니다. 등허리에 커다란 짐을 지고 산비탈을 내려오는 엄마의 모습은 위태로워 보였어요. 조마조마한 마음으로 엄마를 지켜보았지요. 자신보다 훨씬 큰 짐을 지고 뚜벅뚜벅 걸어오는 엄마는 가끔은 위대해 보이고, 때로는 서글퍼 보이고, 끝내는 불쌍해 보였어요.

엄마는 얼기설기 놓여있는 나뭇짐을 리어카에 차곡차곡 쌓았어요. 작은 리어카에 어떻게 그렇게 많은 짐이 실릴 수가 있을까요. 리어카의 바퀴만 겨우 보였지요. 손잡이조차 엄마의 몸이 들어갈 자리만 남기고 나뭇짐으로 가득 찼어요. 엄마는 고무로 된 두껍고 까만 줄을 리어카 이쪽에서 묶고 저쪽으로 던졌어요. 반대편으로 건너가 다시 줄을 묶고 이쪽으로 던지며, 여러 번 왔다 갔다 했지요. 어린 내가 무얼 할 줄 몰라 어정쩡하게 서 있으면 엄마는 "줄이 넘어갔니? 줄 좀 당겨봐라." 하면서 할 일을 주었어요.

리어카 손잡이 안쪽에 겨우 몸을 집어넣은 엄마는 높이 고개 쳐든 리어카 손잡이로 껑충 뛰어올라 매달렸어요. 뒤로 기울어져 있던 리어카가 평평하게 내려왔어요. 꿈쩍도 안 할 것처럼 버티던 리어카는 엄마가 '영차' 하고 소리를 내자 어쩔 수 없이 바퀴를 굴리기 시작했습니다. 엄마는 리어카를 힘차게 앞으로 끌었지요. 순간 나뭇짐은 불편한 듯 불안한 듯 버스럭대며 시끄러웠고, 저는 나뭇짐이 무너질까 봐 화들짝 놀라며 뒤에서 나무를 붙잡았습니다.

엄마는 울퉁불퉁한 산 아랫길을 조심조심 리어카를 끌고 갔어요. 저는 리어카 뒤에서, 오르막에선 밀고 내리막에선 당기기도 하며 따라갔지요. 나무들이 좌우로 와자작대며 흔들릴 때는, 줄이 끊어지면 어쩌나 나무가 떨어지면 어쩌나 걱정이 많이 되더라고요. "엄마, 나무가 흔들려." 하고 소리치면, 엄마는 "괜찮아, 단단히 묶었어." 하면서 멈추지 않고 앞으로 나아갔어요. 그러면 제 마음이 편안해졌어요. 이상하지요. 엄마의 말은 왜 그렇게 힘이 셀까요? 제가 걱정하던 많은 것이 엄마의 말 한마디면 안심이 되었어요.

넘어졌을 때도 그랬지요. 무릎이 까져서 피가 맺힌 적이 있었어요. 다리가 아주 아팠지만, 꾹 참고 절룩절룩하면서 집에 갔지요. 울먹울먹하던 저는 엄마를 보자마자 눈물을 주룩 흘리고 말았어요. 엄마는 쭈그리고 앉아 제 무릎을 살폈지요. 무릎이 더 아파졌어요. 털썩 주저앉아 '엉엉' 울고 싶은데, 엄마는 무릎에 '호오호' 하면서 가만히 입김을 불어 넣었어요. 그러고 나서 손바닥으로 무릎을 덮더니 저를 보고 말했지요. "괜찮아. 다 나았어. 안 아프다." 이상하죠? 아픈 거 같은데 안 아픈 것도 같더라고요. 눈물을 멈추고 조금 지나니 정말 안 아파졌어요. 신기한 일이었죠.

산길을 벗어나 신작로에 오르면 한시름 놓았어요. 나무가 덜 흔들렸거든요. 그제야 저도 구부렸던 허리를 조금 폈어요. 엄마도 한결 수월하게 리어카를 끌고 가는 게 느껴졌지요. 그런 건 저절로 알게 되더라고요. 가슴 저 아래에서 물방울 같은 것이 몽글몽글 올라오면서, 엄마가 힘들겠다, 나무를 안 하고 살면 좋겠다는 생각이 들었어요. 엄마가 고생한다는 생각만으로 그렇게 바란 것은 아니었어요. 주말이면 저도 엄마를 마중 가는 게 싫었거든요.

그 시간이면 텔레비전에서 만화영화를 했어요. '짱가'도 하고 '그레이트 마징가'도 하고. 그걸 보고 싶은데, 엄마 찾아 산에 가야 하니 얼마나 아쉬웠겠어요. 하루는 만화영화를 보다가 산에 가려고 일어섰어요. 눈을 텔레비전에 고정한 채 방문 앞까지 뒷걸음으로 갔지요. 저는 밖으로 나가야 할 것 같아 방문 손잡이는 잡았는데, '조금만, 요거만 조금 더 보고….'하는 마음에 차마 텔레비전에서 눈을 떼지 못하고 몸을 비튼 채 서 있었어요. 잠깐, 정말 잠깐 그러고 있었는데 시간이 저도 모르게 후딱 지나갔나 봐요. 밖에서 엄마의 목소리가 들렸거든요.

엄마는 화가 났더라고요. 그럴 만도 하지요. 혼자 산에서 나무를 하고, 나무 사이에 앉아 차가운 도시락을 먹고, 무거운 리어카를 끌고 집으로 돌아오려니, 얼마나 몸이 고단했겠어요. 고드름조차 안 녹는 겨울인데도 엄마의 등이 땀으로 축축했으니…. 엄마의 잔소리를 들으며, 마중 가지 못한 미안한 마음과 만화도 실컷 못 보는 서글픈 마음에 눈물을 흘렸어요. 뭘 잘해서 우느냐는 엄마의 핀잔을 덤으로 들었지요.

얼마 전, 엄마가 문득 말했어요. 제가 일곱 살 때의 일이었데요. 그날은 리어카에 짐을 잔뜩 싣고 언덕을 오르는 데, 어찌나 힘이 들던지 리어카를 확 놓아버리고 싶었데요. 그 언덕을 오르내리며 학교에 다녔던 저는 엄마의 말을 바로 알아들었지요. 언덕이 얼마나 가파른지, 등에 가방만 지고 걷는 데도 발걸음이 느려지고 숨이 찼거든요. 그런 언덕을 빈 리어카도 아니고 짐까지 그것도 산더미같이 싣고 올랐으니 얼마나 힘들었겠어요.

그때 제가 뒤에서 그러더래요. "엄마, 내가 밀어주니까 하나도 안 힘들지."라고요. 희한하게도 일곱 살짜리 아이의 말에 엄마는 갑자기 힘이 막 나더래요. 어린아이를 집에 혼자 둘 수 없어 데리고 갔었나 봐요. 잘 따라오라고만 했는데, 제가 고사리손으로 엄마를 돕겠다며 밀었나 보죠. 밀기나 했을까요, 그냥 리어카에 손만 얹고 졸졸 따라갔겠지요. 그런데도 무척 힘이 되었다고, 참 신기했다고.

오십 년 전의 일인데, 엄마는 그걸 어떻게 기억하고 있을까요. 하긴 지난 일은 망각의 뜰에서 마냥 뛰어놀다가, 불현듯 기억의 문을 열고 뛰어 들어와 영화처럼 상영되곤 하지요. 그럴 때 기억은 막 딴 푸성귀같이 어쩌면 그렇게 싱싱한지. 지난 일이 두서없이 문득 떠오르는 것은, 시간이 차곡차곡 순서대로 꿰어진 진주목걸이가 아니라 밤하늘에 흩어져 있는 별 같아서가 아닐까요.

어느새 시골에도 연탄이 들어왔어요. 연탄이 들어오자, 엄마는 산에 나무하러 가는 것을 그만두었지요. 덕분에 저도 마음 놓고 만화영화를 보았어요. 이제 엄마와 저는 가스 불에 음식을 하며 살아요. 그런데 이상하죠. 나무가 가득한 겨울 산을 보면, 그곳에 엄마가 있을 것만 같아요. 어디선가 투두둑 하는 나뭇단 구르는 소리가 들리는 것 같고, 빨간 스웨터를 입은 엄마의 등도 보이는 것 같아요. 산을 향해 '엄마'하고 큰 소리로 부르고 싶어집니다.

세하탕에서

누군가 내 어깨를 툭 건드린다. 눈을 뜨니 사과 반쪽이 눈앞에 있다. 꼭지가 깔끔하게 오려져 있다. 나처럼 껍질 한 오라기 걸치지 않고 하얀 속살만 있다. 두 개의 까만 씨앗이 눈처럼 박혀 나를 본다. 열탕에 있는 한 사람이 과수원에서 키운 것이라며 가지고 왔단다. 돌아보니 모두 사과를 먹고 있다. 사양했지만 '다 먹는 거'라며 강제로 쥐여준다. 탕 속에 잠겨 있던 손을 꺼내어 사과를 받아 들고 먹는다. 아삭함이 신선하게 느껴지면서 새콤달콤한 맛이 입안 가득히 조화롭게 채워진다. 목욕탕 온탕에서 사과 먹기는 생전 처음이다. 홀랑 벗은 몸으로 여럿이 앉아 무언가를 먹기도 처음이다.

조금 있다가 이번에는 찐 계란이 돌려진다. 사과에 대한 답례로 열탕에 있던 무리 중 한 사람이 한턱내는 거란다. 온탕에도 계란과 소금이 작은 주황색 바가지에 담겨 온다. 이번에도 사양했지만, 같이 운동하던 언니가 남들 먹을 때 같이 먹어야 맛있다면서, 껍질 한 오라기 없는 하얀 계란을 들어 올려 보인다. 나는 웃으며 온탕 언저리에 몸을 기대고 계란 껍데기를 까서 먹는다. 콜라도 한 입 얻어 마신다.

나의 옆집은 동네 목욕탕이다. 4층에는 헬스장이 있고 2층은 여탕, 3층은 남탕이다. 헬스장에 불이 켜지면 우리 집 거실로 불빛이 넘어온다. 아이들이 어렸을 때는 새벽 다섯 시에 옆집 헬스장에 갔다. 50대 키 큰 아저씨와 60대 아저씨, 키 작은 내 또래의 아줌마 그리고 내가 새벽 5시 멤버였다. 네 명은 항상 그 시간에 와서 운동했다. 요즘은 아침 시간이 한가해서 일곱 시쯤에 옆집으로 간다.

운동을 끝내고 여덟 시 반이나 아홉 시쯤에 들어간 목욕탕에는 열댓 명의 사람이 시끌시끌하다. 그 시간대에 온 사람은 대부분 '달 목욕'이라 불리는 정기회원이다. 연령대는 육, 칠십 대로 서로 유대관계도 좋고 분위기는 유쾌하다. 그중 어느 교회의 권사님이라는 한 언니는 매일 목욕탕 문을 열고 들어오면서 "씨부럴, 느그들은 맨날 몸뚱아리만 씻냐. 교회에 가서 마음도 좀 씻고 와라." 하면서 욕으로 인사한다. 모두 깔깔깔 웃어댄다.

그들은 탕 안에서 여행 계획을 세우기도 하고, 농산물 공동구매나 쇼핑 일정도 잡고, 가끔 식사와 술 약속도 잡는다. 좋은 일이 있으면 커피를 사서 나누고, 삶은 계란도 돌린다. 떡을 해서 나누어 먹기도 하고, 고구마나 그 외의 다양한 음식을 가지고 와서 나눈다. 심지어 제사를 지냈다면서 도시락도 싸 온다. 벌거벗은 것만 빼면 물가로 소풍 나온 풍경이다.

목욕탕의 풍경은 주말과 주중이 사뭇 다르다. 주말에는 한 주 동안 일하느라 바쁜 사람들이 목욕이라는 뚜렷한 목적을 가지고 북적댄다. 하지만 주중에는 대부분의 사람이 목욕이 아닌 건강이나 다른 목적으로 목욕탕을 이용한다. 대부분이 정기회원이다. 내가 관찰한 바에 따르면 바다의 깊이에 따라 물고기가 다르듯, 시간에 따라 목욕탕의 사람과 분위기가 다르다.

다섯 시에서 여덟 시 사이에 오가는 사람은 대부분 직장인으로 하루를 일찍 시작하는 사람들이다. 앞뒤 안 보고 부지런히 씻고 단장한 후 직장으로 간다. 여덟 시부터 열 시 반 사이에 오는 사람이 가장 많은데, 그들은 여유 있게 아침을 즐기는 사람이다. 대부분 나이가 육, 칠십 대로 직장은 없고 건강과 친목을 위해 온다. 열한 시를 넘어 열두 시가 되면 목욕탕은 조용해지고 한가해진다. 점심시간이라 그런지 사람이 별로 없다. 사람과 마주치는 것이 싫다면 열한 시 이십 분쯤 목욕탕에 가면 좋다. 왔는지 갔는지도 모르게 볼일을 볼 수 있다.

오후 팁은 잘 모르겠다. 그 시간엔 내가 일터에 있는 시간이라서. 코로나로 집에 있을 때 사람을 피해 오후에 목욕탕에 가본 적이 있었다. 그때 보니 대여섯 시에는 나이 칠십 주변의 어르신들이 있었다. 곁에서 이야기를 들어보니 일곱 명이 그 시간대 고정 멤버인 것 같았다. 대여섯 시에 시작해서 일곱 시 반쯤이면 마무리되는 분위기였다. 그분들을 보면서 저녁은 언제 해 드시나 할아버지는 안 계시나 궁금했지만, 물은 적은 없었다. 이분들은 주로 열탕에 잠겨있었다. 저녁나절이라 이미 열탕의 온도를 상실한 온탕 같은 열탕이었다.

세하탕의 여탕은 동네 여인의 카니발 같은 곳이다. 화려한 가면과 의상 대신 처진 가슴, 겹치는 뱃살, 노골적인 얼굴로 두어 시간을 만끽하는 사교장이다. 예전에는 이런 풍경을 공중도

덕에 어긋난다며 불쾌하게 생각했었다. 매일 곁에서 바라보니 노인이 건강하고 즐겁게 하루를 보내는 장소로 이만한 곳도 없겠다고 생각하게 되었다. 몸의 때도 씻고, 마음의 그늘도 샤워하고, 일상의 재미도 나누면서 웃음으로 메아리를 울리니 말이다.

노인인구가 늘어나고 있다. 나이는 들고 사망률은 줄어드니 노인인구는 일정 기간까지는 계속 상승할 것 같다. 노인이 차지하는 의료비도 계속 상승할 것이다. 평균수명이 늘어난 것은 치료 기술의 발전보다는 예방의학이 기여한 바가 크다고 한다. 노인에게 생기는 각종 질병에 대해서도 치료보다는 병을 예방하고, 건강한 삶을 지원하는 사회적 시스템이 필요할 것으로 보인다.

목욕은 몸의 면역력을 높여주고 지방이나 혈액에 축적된 나쁜 찌꺼기를 배출하며 정신·신경계통을 진정시키는 작용을 한다고 한다. 피부미용에도 좋고 불면증, 고혈압이나 동맥경화증, 심장병 등에도 긍정적인 영향을 준다고 하니, 만병통치약이자 보약이 따로 없다. 게다가 사람들과 웃고 떠들며 어울리니 노인들이 겪는 외로움이나 고립감에서도 벗어날 수 있다. 목욕탕의 여인들은 건강한 노인이라 해도 지나치지 않으리라.

남편에게 여탕의 이야기를 간간이 전한다. 그곳에서 들었던 재미있는 이야기, 새로 발견한 놀라운 사건, 나누어 먹은 음식 등에 대해. 그러면서 남탕이 궁금해진다. 남탕은 어떠냐는 나의 물음에 남편은 남탕에는 그런 게 전혀 없다고 답한다. 커피도 팔지 않고 계란도 팔지 않는단다. 어느 날 여탕에서 계란을 먹다가 남탕은 여탕 분위기와는 다르다며, 남편에게 들은 이야기를 전하니 언니들이 말한다.

"남자들이 돈 벌러 가야지 언제 수다할 시간이 있노. 대충 때가 불기도 전에 퍼뜩 씻고 일하러 가서 돈 벌어 오면, 그 돈으로 여자들이 먹고 떠들고 즐기는 거지. 그래야 저녁도 잘 차려 준다 아이가. 우리가 건강해야 남자도 건강해지고 자식도 속편해지는 기라. 이것도 우리에겐 다 일인기라."

언니들이 '맞다 맞다' 하며 손뼉을 치며 웃는다. 내가 만약 정책입안자라면 아픈 후에 치료하는 과정을 지원하는 것도 좋지만, 아프기 전에 자기의 건강을 관리하는 사람을 지원하기 위한 정책을 고민해 보리라. 우선 매일 목욕탕에서 웃는 저 언니들의 목욕비를 지원하는 방법을 모색하리라. 오늘도 벌거벗은 채로 삶은 달걀을 먹으며 수다 하는 건강한 노인을 즐겁게 바라본다.

흔적을 남기지 마라

길을 가다가 친구를 만났다. 오랜만이었다. 차나 한잔하자며 가까운 카페에 들어갔다. 자리에 궁둥이를 붙이기도 전에 친구가 명함을 내밀었다. 새로운 명함이었다. 이 친구는 만날 때마다 새로운 명함을 주었다. 내가 아는 사람 중에서 가장 많은 명함을 건넨 사람이다. 이십여 년간 그가 준 명함을 모았으면 오십 개는 될 것이었다. 오십 개가 무언가, 얼추 백 개는 될 것이었다. 명함에는 매번 무슨 위원회 이사니, 어떤 연합회 사무장이니, 어디 위원장 같은 그럴싸한 직함이 적혀 있었다. 명함에 새길 직함을 만들어 내는 것도 재주라면 재주가 아닐지, 그저 놀라울 따름이었다.

이번에 내민 명함에는 뜬금없이 한 인터넷 신문의 기자라고 적혀 있었다. 명함을 앞뒤로 살펴보는 사이, 친구는 자기가 리포터로 기사를 내보낸 게 있다며, 휴대 전화로 동영상을 굳이 보여 주었다. 어설프고 뻣뻣하게 서서 말하는 그의 모습을 동영상으로 보고 있는데, 그가 약간은 풍선같이 부풀어서 말했다.

"이 정도는 해야지 나중에 손주들한테 할아버지가 이런 사람이었어! 라고 말을 할 수 있지 않겠냐? 아무것도 아니라면 무슨 낯으로 애들을 보겠냐. 사람은 이름을 남겨야 하는 거지. 봐라, 이름 뜨고 기록 남고."

자신이 자랑스러워 못 살겠다는 듯 단어와 단어 사이에 웃음을 담고 말하는 친구를 보았다. 의기양양함이 표정에 차고 넘쳐 어깨와 가슴으로 흐르고 있었다. '애쓴다'고 대꾸하면서, 아무짝에도 쓸데없는 직함들이 무슨 소용이며, 굳이 그런 걸로 면을 세운다 한들 무슨 의미가 있겠느냐는 말이 혀끝에 대롱대롱 매달렸다가 목구멍으로 넘어갔다.

"호랑이는 죽어서 가죽을 남기고 사람은 죽어서 이름을 남기는 거 아니겠냐? 이렇게 할아버지 이름이 인터넷에라도 있어야 애들이 우리 할아버지 대단한 분이야 하지 않겠어?"

친구가 다시 말했다. 나는 다시 "그래 애썼다. 용 돼서 좋겠다."라며 맞장구를 쳐주었다. 기자 명함과 무슨 단체 이사라는 명함 두 개를 더 주더니 바쁘다며 친구는 먼저 일어나 가버렸다. 나는 한가하여 혼자 좀 더 있겠다며 남았다. 소란스러움 뒤에는 쓸쓸함 같은 고요함이 남는 법이다. 빈 찻잔만큼 마음도 빈 듯 휑하더니, 문득 수십 년간 변함없는 명함을 가진 내가 혹시 게으른 것은 아닌가 하는 생각이 일어났다.

이십 년 전에는 명함을 자주 바꾸는 그가 불안하고 무능해 보였다. 언제부턴가 일 년에도 대여섯 개의 명함을 바꾸는 친구가 달리 보이기 시작했다. 온갖 직종과 직책을 수용하는 그의 능력과 비빌 언덕을 제공하는 넓은 인맥과 그들을 찾아내고 인연을 맺어가는 부지런함이 감탄스러웠다. 그 친구는 생존력이 잡초 같아 아프리카 초원이든 사막이든 어디서든 살아남을 것 같았고, 카멜레온처럼 어떤 환경이든 적응할 것 같았다. 핵이 폭발해도 바퀴벌레처럼 살아남아 나의 시신을 거두어 줄 수 있을 것 같았다. 그에게 느꼈던 불안과 염려는 어느새 감탄과 경이로 바뀌어 가고 있었다. 그의 명함을 물끄러미 쳐다보다 주머니에 넣고 일어섰다.

나는 카페를 나가기 전에 화장실에 들렀다. 변기 위에 앉으니, 눈높이에 맞춰 화장실 문에 글이 붙어 있었다.

"아름다운 사람은 머문 자리도 아름답고, 고매한 고객님은 흔적을 남기지 않습니다."

순간 풋 웃음이 났다. 흔적을 많이 남기고 싶어 하는 조금 전에 헤어진 친구가 생각나서였다. 누군가 인간은 지구에 손님으로 왔다가 간다고 했고, 누군가는 학생으로 이생에 공부하러 왔다가 간다고 했다. 이래저래 인간이란 지구에 잠시 머물다 가는 나그네이자 손님인 것이다. 화장실 문에 붙어 있는 글귀가 그 말을 상기시키고 있었다. 고매한 고객님은 흔적을 남기지 않는다고! 매번 흔적을 남기는 그 친구는 고매하기에는 틀렸구나 하며 웃었다.

화장실 문에 붙어 있는 글귀를 읽으며 잠시 앉아 있었다. 고매한 고객님은 흔적을 남기지 않는다는 글과 호랑이는 죽어서 가죽을 남기고 사람은 죽어서 이름을 남긴다는 말이 동시에 떠올라 시소를 타는 듯했다. 호랑이 가죽이야 쓸데가 있어서 남기지만, 사람 이름은 남겨서 어디에 쓸까. 장자는 지인은 자기가 없고, 신인은 공적이 없으며, 성인은 이름이 없다고 했으니, 훌륭한 인간은 이름 같은 흔적을 남기지 않으려는 것부터 시작하는 것 같은데 말이다.

법정 스님은 외출할 때 방안의 쓰레기통을 깨끗이 비우고 나가셨다고 한다. 사후에는 책도 절판하라고 하셨다. 살면서 무소유를 실천하려 했고, 세상을 떠나면서도 뒷모습을 남기지 않겠다는 법정 스님의 아름답고 고매한 흔적이 오히려 묵직한 무게로 다가온다.

나도 떠난 자리에 흔적이 남지 않기를 바란다. 그냥 바람처럼 지나고 물처럼 흘러가 아무것도 아니길. 보고 싶은 사람이라기보다는 넘기는 책장같이 스쳐 가는 사람이 되고 싶다. 노을같이 물들었나 싶다가 흔적 없이 옅어져 사라지면 좋겠다.

交通費

얼마 전에 딸이 나와 말이 통하지 않는다고 투덜댔다. 내가 공감을 해주지 않아 답답하다고. 엄마 같은 엄마가 되고 싶다던 딸이었다. 그런 딸이 던진 투덜거림이었기에 마음이 여간 추운 게 아니었다. 신영복 선생님은 새끼는 어미 새의 새봄이라고 했다. 자식과 사이가 좋지 않으면 부모 마음은 따뜻한 봄볕 한 점 없는 엄동설한에 머물 수밖에 없다.

어떤 부분에서 딸은 내게 답답함을 느꼈을까. 며칠 동안 여러모로 나를 분석해 보았다. 부족한 부분이 많지만 그래도 이

만하면 괜찮지 않은가 하면서 되레 불평도 하고, 최선을 다해 살았다면서 변명도 하고 싶었다. 결국 딸의 불만을 이해하고 그 마음을 해소해 줄 수 있는 '이거다' 할 만한 확실한 해결점을 발견하지 못했다. 자신을 객관적으로 들여다보는 것이, 태산을 넘는 일처럼 어렵다고 느끼는 날들이었다.

며칠 동안 끙끙 대던 중, 문득 오래전에 전철에서 동생과 함께 있던 장면이 떠올랐다. 삼십 년도 훨씬 더 되었다. 동생과 전철을 타고 어디론가 가는 길이었다. 흔들리는 전철 안에서 동생이 무언가 적은 것을 살짝 펴서 조심스럽게 내 눈앞에 내밀었다. "언니, 이게 무슨 글자야?" 하며 동생이 내민 글자는 한자였다. '交通費' 나는 동생에게 '교통비'하고 한자를 읽어 주었다. 아, 나는 거기에서 입을 다물어야 했다. 그런데 나는 말을 이었다. 한자를 알아두면 편하다고 이야기했던 것 같기도 하고, 다른 한자를 읽어 주었던 것도 같다.

동생은 한자를 물어보며 주변 사람의 눈치를 봤던 것 같다. 그러니 속삭이듯 말을 걸고 종이를 손으로 가린 채 내 눈앞에 살짝 펼쳤겠지. 나는 작은 목소리로 동생 귀에다 '교통비'하고 읽어주어야 했다. 그런데 나는 평상시의 목소리로 그 한자를 읽어 주었다. 내 목소리가 작기나 한가, 옆 사람도 들었을 것이다. 동생이 창피하니까 작게 말하라고 했던 것도 기억난다. 나는 말꼬리를 물고, 모르는 것을 물어보는 것은 부끄러운 것이 아니라며 또 말을 덧붙였다.

남들은 다 아는 데 나만 모르는 것 같을 때, 부끄럽다. 더구나 사람이 많을 때는 내가 모른다는 것을 드러내고 싶지 않다 동생도 그런 마음이지 않았을까. 그나마 언니는 부끄러운 것을 말해도 흉보지는 않을 테니, 안심하고 물어본 것이었으리라. 그런데 언니인 나란 사람은 동생의 마음을 생각하지도 않고, 내 기준과 내 방식으로 잘난 척을 했던 것이다. 동생에 대한 배려가 턱없이 부족했다.

바로 그거였다. 내가 지금까지 살아왔던 태도가. 곰곰이 그 장면을 생각하니 눈물이 났다. 미안하고 부끄러워서…. 다른 사람이 볼까 싶어 소곤대는 동생의 감정 따위는 생각하지도 않고 떠들어대는 나의 목소리가 너무 크게 들려왔다. 동생의 심정을 이해하고 챙겨주기보다는, 모르는 것을 물어보는 것은 부끄러운 것이 아니라며 부끄러워하지 말라며 오히려 가르치는 언니의 폭력이 느껴졌다. 당당하고 씩씩하다고 생각했던 나의 모습이 그렇게 오만하고 가소로울 수가 없었다. 아무리 좋은 말도 상대방을 배려하지 않은 말은 똥이다. 지하철 1호선

안의 그 풍경이 나의 가슴을 때렸다. 동생에 대한 미안함이 지하철만큼 길고, 덜컹대는 지하철 소리만큼 가슴에서 크게 울렸다.

이런 행동이 어찌 한 번뿐이었을까. 그때만 그랬던 것이라고, 감히 말하지 못하겠다. 일상에서 드러내는 나의 행동은 내 삶의 틀을 통해서 반복되는 것이 분명하다. 붕어빵 틀에서 구워낸 붕어빵같이. 나는 이 틀로 말과 행동을 반복해서 찍어냈을 것이다. 수십 번, 수백 번 아니 어쩌면 수천 번 해댔을 이 안하무인의 폭력.

내 자식에게도 그런 행동을 반복했을 것이다. 의견 하나만 이야기하면 될 것을 장황하게 설명하고, 그와 관련된 이론을 주절이 떠들었으리라. 결국 내 의견을 강요하고 주장했겠지. 그 시간이 얼마나 고역이었을까. 엄마의 말이라 제대로 대꾸도 못 했으니 답답했을 것이다. 자식의 숨통을 막았으리라.

지난날을 돌아본다. 나의 이런 습관이 어디에서 왔는지 언제 생겼는지 나는 모르겠다. 물론 나는 안다. 나쁜 마음은 없었다는 것을, 도움을 주려고 그랬다는 것을, 동생이나 자식을 무시하거나 함부로 대하려고 한 것은 아니었다는 것을. 모든 것은 양면이 있으니 어떤 때는 나의 이런 행동이 도움이 될 때도 있었을 것이다. 하지만 어떤 때는 폭력이었을 것이다. 때와 장소와 분위기를 잘 구별해야 했는데, 그렇게 하지 못했던 것이 틀림없었다.

잘못했다. 나는 그때의 전철로 돌아가 동생에게 사과하고 싶다. 미안하다고. 자식들에게도 엄마의 횡포를 용서해달라고 말하고 싶다. 딸이 했던 말을 어렴풋하게나마 이해할 수 있을 것 같은 희망이 솟는다. 딸이 내게 투덜댔던 부분이 어쩌면 이것이 아닐지도 모른다. 그래도 덕분에 내가 알아챈 것이 있어서 다행이다.

나는 결심한다. 2 곱하기 2를 물어보면 4라고만 답해주자. 구구단을 읊어주며 앞으로 배워야 할 것까지 일러주지는 말자. 산수를 잘해야 한다느니, 공부 비법은 어떻다느니 하는 설명도 삼가야겠다. 말을 더 줄여야 할 것 같다. 배려를 어떻게 하는지 잘 모른다. 다만 내 곁에 있는 사람이 나로 인해 무안을 느끼게 할 상황을 만들지는 말아야겠다. 다음에 딸이 오면 다시 이야기를 나누어 보아야겠다. 딸이 기다려진다.

혼잣말

"어이구, 캄캄하네. 아무도 없나 봐. 다 나갔어?"

현관의 센서 등이 켜졌어. 집안은 불이 꺼져 있지. 중간 문을 열며, 아무도 없는 것을 알면서도 혼잣말을 해 봐. 신발을 벗고, 사부작대며 옷을 갈아입고, 밥상을 차려 저녁을 혼자 먹는 일이, 글쎄 심심하달까 쓸쓸하달까 궁색하달까 하여 나 들으라고 중얼대지. 무얼 먹을까, 냉장고 한 번 볼까 하면서, 냉장고가 듣는 것처럼, 음식이 듣는 것처럼 말해.

가족이 있으면, 있는 반찬은 다 꺼내고 없는 것은 새로 만들어도 부족해 보이는 밥상이 혼자 앉으니 김치 하나 찌개 하나도 많네. "찌개가 좀 짠가." 중얼대며 한 숟가락 먹고, "밥이 구수하네." 하면서 밥 한 숟가락을 오래도록 씹어.

무서울 때도 혼잣말을 해. 텔레비전을 보다가 갑자기 무서운 장면이 나올 것 같으면 "무섭잖아, 살살해." 하거나 "어휴 깜짝이야. 왜 놀라게 하고 그래." 하고 중얼대지. 그렇게 혼자 말하다 보면 혼자가 아닌 것 같아 마음에 조금은 여유가 생겨.

힘들 때도 혼잣말을 해. 사람은 행복할 때보다 어려움에 부닥쳤을 때 더 주인공이 되는 것 같아. 그때는 드라마 주인공이 된 것처럼 머릿속에 배경 음악도 하나 틀어놓지. 주인공은 어려움에 부닥칠 때마다 멋진 배경음악이 나오면서 스스로 일으켜 세우는 독백을 하잖아. "괜찮아, 그럴 수 있지, 파이팅."

요즘 혼잣말이 늘었어. 외롭거나 힘들어서가 아니야. 자꾸 잊어버려서지. 내가 뭘 하려고 했더라, 내가 여기 왜 왔더라, 그게 뭐였지 하면서 혼잣말을 해. 지금 세제가 떨어져 뒤뜰에 있는지 보러 가는 거야, 도토리묵을 쑬까 싶어 도토리 가루가 있나 냉동고를 여는 거지, 오후에 세탁소 가는 거 잊지 마, 하면서. 돌아서면 내가 뭘 하려고 했는지 잊어버리니, 민망해서 미리 묻기도 하고 어이없어 늦은 책망도 하는 거지. 나만 그런 것은 아니더라고. 남편도 그래. 예전엔 무슨 말을 하면 나한테 하는 소리인가 하여 귀 기울여 들었는데, 이제는 반은 내게 하는 말이고 반은 혼잣말이라 건성으로 듣지.

혼잣말하면서 문득 깨달아. 사람이 혼자가 아니라는 말은 타인이 있어서 그런 것이 아니라는 것을. 외로울까 봐, 무서울까 봐, 힘들까 봐, 보듬어 주는 또 다른 내가 내 안에 있어서라는 것을. 어쩌면 이 세상을 떠난다는 것은, 내가 속한 이 세상과 나와 인연이 된 모든 사람을 두고, 내 안의 나와 둘이서만 소풍 가는 것을 의미하는지도 모르겠어. 요즘 혼잣말하며 자주 웃어. 혼잣말하는 이와 혼잣말을 듣는 이, 둘이 사이가 좋아서 다행이야.

시발비용

오 학년 여자아이가 가방에서 무언가를 꺼냈다. 백 원, 오백 원 하는 군것질거리가 잔뜩 나왔다. 내게도 주고 옆에 앉은 언니와 앞에 앉은 친구에게도 나누어 주었다. 마트에서 파는 젤리나 사탕과 포장은 비슷한데 이름이 약간 달랐다. 학교 앞 문방구에서 샀다는 군것질거리의 알록달록한 포장지를 뜯어내며 그 아이가 말했다.

"선생님. 오늘 제가 얼마나 열 받은 줄 아세요. 우리 반에 남자애가 하나 있거든요. 그 애가요 오늘 저한테 시비를 거는 거예요. 제가요, 급식에 소시지가 나와서 조금 더 달라고 했는데, 그 애가 급식 당번이거든요. 근데 얘가 안 주는 거예요. 하나 더 줄 수도 있는 거잖아요. 제가 평소에 많이 먹지도 않아요. 근데 오늘 밥을 조금 더 먹겠다는데 그걸 방해하는 거예요. 진짜 어이없지 않아요?"

그 아이는 계속 불량식품 같은 군것질거리를 먹었다. 아마도 한주 용돈을 다 써버린 것이 아닌가 싶었다.

'시발비용'이란 말이 있다. '시발'은 욕설에서 나왔고 '비용'은 '어떤 일을 하거나 물건을 사는 데 드는 비용'이란 사전적 정의에서 나왔다. 그 두 말이 합쳐져 '시발비용'이란 말이 생겼는데, 욕설이 나올 정도로 심한 스트레스 때문에 쓰게 된 돈을 의미한단다. 그야말로 홧김에 쓸데없이 쓰게 된 돈을 말하는 것이다. 스트레스 받아서 매운 떡볶이를 사 먹는다거나, 머리를 자르거나, 가방을 산다는 식이다. 스트레스를 이겨내기 위해 쓸데없이 돈을 쓰고, 시간이 지나면 후회하면서 다시 스트레스를 받기도 하는 시발비용. 내 마음의 불편함이 현실적 재정에도 영향을 미치는 시대에, 열두 살 아이가 벌써부터 시발비용을 지불하고 있는 듯했다.

한 친구는 화가 나면 쇼핑한단다. 다리가 아프고 온몸이 지치도록 백화점을 도는데, 기진맥진하도록 걷다가 결국 사는 것은 고가의 물건이란다. 그때 산 가방이나 구두, 재킷, 스카프는 대부분이 명품이고, 수백만 원에 달하는 경우가 제법이라나. 집에 있는 소파는 남편이 바람피웠을 때 산 것이고, 명품 가방은 자식들한테 열받아서 산 것이며, 스카프는 잘난 척하는 친구와 쇼핑하러 갔다가 보란 듯이 샀단다. 물건마다 고통의 역사가 상표처럼 달려 있어서, 물건을 볼 때마다 그때의 고통이 생각난다며 친구는 아쉬워했다. 명품 사고 싶어서 화내는 거 아니냐고 내가 농담하니 정색하며 그게 아니란다. 제정신으로 돌아오면 반품하는 것도 부지기수라면서.

얼마 전에 술 한잔하자고 친구에게서 연락이 왔다. 화가 나서 시원한 맥주로 식혀야 한다나, 소주로 태워야 한다나. 너른 맥줏집에 앉아 친구는 맥주를 시켰다. 얼린 맥주잔에 맥주가 빙하처럼 하얀 거품을 덮고 오자, 친구는 거품과 그 아래 찰랑이던 맥주를 단번에 반이나 마셔버렸다. "이 인간을 죽여야 해, 살려야 해?"하며 그녀는 묻는 말인지 벼르는 말인지를 내게 던지며 안주로 나온 치킨을 뜯었다. 시원한 맥주에 불이 좀 꺼졌느냐고 물으니, 고개를 갸우뚱하더니 좀 낫다며 웃었다.

속이 타서 죽겠다던 일이 맥주로 불길을 끄고 보니 별일이 아닌 것이 되었다. "아까는 죽는 줄 알았어."라며 친구는 이제 속에 난 천 불을 끄기 위해서가 아니라 술을 즐기기 위해 맥주 한 잔을 더 주문했다. 친구가 내게 물었다. 속에 천불 날 때 맥주를 마시고 나면 시원하지 않느냐고.

나는 어떤지 돌아보았다. 나는 속에 천 불은커녕 잔불이 나도 술로 끄지 않는다. 오히려 불에 알코올을 부어 더 타오르게 하는 것 같아서 조심한다. 나는 화가 나면 가만히 있는 편이다. 그냥 가만히 있다. 몸은 가만히 있는데 머릿속에서는 계속 우왕좌왕하고 쿵쾅대고 걷는다. 난리다. 그러면 희한하게도 몸이 지친다. 실제 자갈밭이라도 걷거나 산에 다녀온 것처럼 지치고 아프다. 기운이 쭉 빠지면 잠자고 싶어진다. 일단 잔다. 그러면 화도 자는 듯 조용해진다.

어렸을 때 나는 화가 나면 밖으로 나갔다. 신작로를 따라 걷거나 야트막한 산 따라 옆 마을까지 갔다. 산으로 들로 걸으면서 끓는 마음을 내렸다. 아니면 호미를 들고 밭에 가서 그냥 땅을 팠다. 퍼석퍼석하는 흙 파는 소리와 포슬포슬 일어나는 흙의 모습이 위로되었던 것 같다. 여름에는 앞마당 옥수수밭에서 옥수수수염을 몽땅 머리카락 땋듯 땋아놓았다. 처음에는 옥수수수염을 몽땅 뽑아 놓았는데, 할머니한테 무진장 혼났었다. 그 후로는 차마 뽑지는 못하고 묶거나 땋아놓았다. 옥수수밭에서 나올 때는 웃었더랬다.

요즘엔 불편한 감정이 일어나고 내가 폭탄이 되었다고 느끼는 순간이면 벌떡 일어나 운동화를 신고 밖으로 나간다. 수영강을 따라 걸으며 물결 사이사이에 들끓던 감정을 던진다. 아니면 장산에 올라 나무 사이를 힘겹게 오른다. 감정이 일어난 장소를 벗어나, 조용하게 혼자가 된다. 내가 왜 그런 기분인지 솔직하고 냉정하게 바라본다. 인정하고 나면 불덩이 같던 감정이 별거 아닌 것이 되어 밋밋해진다.

가끔 그런 생각을 한다. 왜 우리는 어릴 적에 감정을 조절하는 법을 배우지 못했을까. 외국 영화에서 감정이 격해진 순간이 되면 숨을 쉬라고 말하고, 봉투를 줄 것인지 묻는 장면을 보곤 했다. 처음엔 그 장면을 이해하지 못했다가 나중에 그것이 호흡을 조정하여 감정을 조절하는 응급처치라는 것을 알게 되었다. 자주 등장하는 장면이라면 일상적이라는 의미일 것이고, 모두 공유하는 상식일 것이다. 상식은 대부분 학교나 가정에서 배우지 않던가. 감정 응급처치를 배우지 못한 나는 그런 것을 배우고 공유하는 그들이 부러웠다.

요즘 분노로 인해 발생한 온갖 사고가 화제로 등장하곤 한다. 불을 지르고, 지나는 사람을 다치게 하고, 자동차 주행을 방해하여 위험에 이르게 하고…. 분노로 다른 사람에게 해를 끼치는 것을 보면서, 돈을 쓰면서 화를 푸는 일은 그나마 다행이라는 생각이 들었다. 감정을 들여다보고 격한 감정을 조절하는 법을 누군가 어디선가 알려주면 좋겠다. 배운다고 모두 성인군자가 되는 것은 아니겠지만, 그래도 누군가에게는 폭력이든 시발비용이든 응급상황을 피할 수 있을 만큼은 도움이 될 테니까. 쓸데없이 화를 일으켜 타인을 괴롭히거나 돈까지 낭비하는 일이 없도록, 정신 바짝 차리고 내 마음을 잘 챙겨야겠다.

아지트

아들이 아홉 살이었을 때, 아지트를 만들어 달라고 했다. 방에 작은 텐트를 치고 놀더니만 그것도 식상한지 아지트 하나를 내놓으라고, 몇 날 며칠을 졸라대는데 난감했다. 옥상에 텐트를 쳐 줄까 하니 위험해 보여 불안하고, 땅을 사서 창고라도 지어줄까 하니 여력이 안 되었다. 이래저래 궁리해도 엄마가 해 줄 방도가 없다고 하니, 그럼 자기가 알아본다며 아지트 물색에 나섰다. 도시 한가운데에 그럴만한 곳이 없었다. 아지트 마련에 실패한 아들이 고민 끝에 제안했다. 안방 화장실을 달란다.

가족은 안방 화장실을 거의 사용하지 않았다. 거실 화장실 앞에서 빨리 나오라고 성화를 부릴지언정 안방 화장실은 왠지 찾지 않았다. 거의 사용하지 않는 그 공간이 생각났나 보다. “화장실인데 괜찮겠어?” 하니 좋단다. “그래라.” 허락했다.

어느 날 낮에 집에 들어오니 있어야 할 아들이 없었다. 이름을 부르니 대답 소리는 들리는데 보이진 않았다. 혹시나 해서 안방 화장실 문을 살짝 열었다. 친구를 초대했나 보다. 화장실에 매트를 깔고 작은 남자아이 둘이 누워있었다. 벽에 두 다리를 올려 기대어 놓고, 배 위에는 책이 세워져 있었다. 변기통 뚜껑 위에는 과자가 한 상 차려져 있고, 세면기 안에는 이런저런 먹을 것과 장난감이 있었다. 누워서 과자를 주워 먹으며 책을 보고 있었나 보다.

문 사이로 빼꼼히 얼굴을 들이민 내게 “엄마, 왜에?” 하고 아들이 물었다. 아들의 친구도 주춤 일어나는 듯하다 빤히 쳐다볼 뿐 예의를 차리진 않았다. 아지트 아닌가. 내가 자신들만의 공간을 침범한 훼방꾼인 셈이었다. 둘이 어서 문을 닫으라는 무언의 말을 던지고 있었다. “아니, 그냥.” 하고는 문을 닫았다. 반 평도 안 되는 아지트에서 두 아이가 고즈넉하게 여가를 즐기고 있었다. 마이애미 팜비치에 있는 어느 별장의 풍경보다 여유로워 보였다.

내가 아들보다 더 어릴 적, 씹던 껌을 붙여놓던 달력 아래에 어머니의 재봉틀이 있었다. 비 오는 날이면 어머니는 의자에 앉아 두발로 재봉틀 페달을 앞뒤로 굴렀다. 두 손을 바쁘게 놀리면 노루발 따라 지나가는 옷 위로 드르륵드르륵 소리가 박음질로 드러났다. 비 오지 않는 날, 어머니가 밭에 있으면 재봉틀은 쉬었다. 그런 날이면 재봉틀 다리에 동생을 업어주던 포대기의 한쪽 끈을 묶었다. 다른 한쪽 끈을 옆면에 놓여 있던 옷장 손잡이에 묶으면, 재봉틀과 옷장 사이에 세모난 나의 아지트가 생겼다. 좁은 그 세모 안에서 살림을 차리고, 인형을 재우고, 그 옆에서 나도 누워 잤다. 발이 아지트 밖으로 삐져 나갈세라 잔뜩 웅크리고 잤다.

한 방에서 온 식구가 먹고 자고 놀았으니, 나만의 공간은 집 안에 있는 것이 아니라 밖에 있었다. 담장 아래, 처마 아래, 장독대 옆에, 나무 그늘에…. 그러면서 늘 소원했다. 나도 작은 방 하나 있으면 좋겠다, 나무 위에 작은 오두막 하나 지으면 좋겠다, 나 하나 조용하게 누워서 하늘을 보거나 혼자 몰래 울다 잠들 수 있는 공간이 있으면 좋겠다. 정말 행복할 텐데….

여름철 원두막은 그래서 좋았을까. 너른 밭 가운데 홀로 서 있던 원두막. 네 다리로 서 있던 원두막은 불안하게 흔들렸고, 딱딱한 나무 바닥에 몸이 배겼지만, 네모난 그 공간이 좋았다. 엎드려 숙제하고, 낮잠을 자고, 햇살에 데워진 참외를 따다 먹으며 하루를 보내던 원두막. 매미 소리가 돌림노래로 들려오고, 모기장 안에서 부스럭대던 그 나른하고 한갓진 평화를 어찌 잊을까.

어른이 되어도 아지트는 필요하다. 편안하게 쉴 수 있는 집이 있는데 아지트가 무슨 필요가 있을까 싶지만, 여자에게 집이란 휴식보다는 노동의 현장인 경우가 많지 않던가. 엄마의 자궁에 있던 태아 시절처럼 오롯이 나만을 위한 공간에서 홀로 있고 싶은 마음이 아무 때나 불쑥불쑥 올라왔다. 잠시라도 세상일과 사람 속에서 잊어버렸던 나를 만나 알은체를 하고 위로하고 싶었다. 그때마다 훌쩍 갈 수 있는 곳이 있다면 얼마나 좋을까.

해운대 근처에 작은 오피스텔 하나를 장만했다. 고층 아파트 사이로 바다가 비스킷만큼 보이는 곳이었다. 아무것도 안 하고 가만히 앉아 있는 작은 공간이 그렇게 평화로울 수 없었다. 문득 이 공간이 내게 필요하듯 다른 지인도 그럴 것이란 생각이 들었다. 지인들에게 오피스텔의 비밀번호를 알려 주었다. 누구라도 쉬고 싶을 때, 혼자 있고 싶을 때, 울고 싶을 때는 낮에도 밤에도 사용하라고 했다. 가끔 들르면 누군가 다녀간 흔적이 있어서 좋았다. 한 사람이 와서 쉬기도 했지만, 가끔 여럿이 모여 파티를 했고, 밤새 워크숍을 갖기도 했다. 열여섯 평의 작은 공간이었지만 여럿의 아지트였다.

언제부턴가 나는 오피스텔보다 카페의 구석 자리, 바닷가의 한적한 모래밭, 산속의 나무 그늘에서 머무는 시간이 많아졌다. 물리적 공간뿐만 아니라 SNS라는 가상공간에도 자주 들렀다. 나만 그런 것은 아니었다. 예쁜 카페가 여기저기 생기면서 지인들도 자기 맘에 드는 카페와 다른 장소를 찾아 그 속으로 들어갔다. 우리의 아지트였던 작은 공간은 찾는 이가 뜸해졌다. 세를 줘버렸다.

이제 한적한 곳은 찾기 힘들고 카페도 넘치는 사람들로 소란하다. 수시로 나를 부르는 SNS도 피곤하다. 다시 고요한 나만의 아지트가 그리워진다. 문득 아지트란 공간이 아니라 시간이 아닐까 하는 생각이 든다. 사람 속에 있든 홀로 있든 마음이 한가로운 그 순간이 나의 아지트가 아닐까.

오롯이 홀로 있는 법을 배운다. 온전하게 홀로 있으니 푸른

산이, 넘실대는 바다가, 평평한 들판이 내 안에 들어온다. 어릴 적 놀던 따뜻한 담장 아래, 뒤뜰 포도나무 아래, 참외밭 원두막도 내 안에 있다. 나만의 세상에서 나는 혼자이자 전체가 된다. 들뜨지도, 외롭지도 않다. 도심 속에서도 한가로운 시골길을 걷고, 사람들 속에서도 가을밤의 풀벌레 소리를 듣는다. 나의 진짜 아지트를 이제야 찾았다.

풍선카페

이른 아침이었다. 여름의 흔적이 먼 기억처럼 남아있는, 그렇다고 가을이라고 하기에는 이른 그즈음이었다. 아이들을 깨웠다. 날씨가 무척 좋으니 아침 바닷가에 가자고 아이들을 꼬드겼다. 아이들은 미처 잠을 다 소비하지 못한 부푼 눈을 반쯤 뜨고, 옷을 주섬주섬 입었다. 세 아이를 차에 태우고 출근 시간 전이라 아직은 한산한 도로를 달렸다.

송정 바닷가에는 사람이 거의 없었다. 이른 아침이 주는 상쾌함과 한적함이 아이들과 나를 흥분시켰다. 그것은 바닷가를 맘껏 차지할 수 있다는 욕심 같은 것이었다. 아이들과 나는 모래밭에 발자국을 찍었다. 산뜻한 차가움이 발바닥부터 온몸을 타고 올라왔다. 파도가 한 줄로 들어와 모래 속으로 잦아드는 바닷가에서 우리는 한참 동안 즐거웠다.

문득 출출해졌다. 차가운 모래에서 노느라 한기도 느껴졌다. 따뜻하고 달콤하면서 시장기를 달랠만한 것이 필요했다. 자동차 열쇠만 챙겨 나오느라 지갑을 잊었다. 주머니를 뒤지니 천 원짜리 지폐가 몇 장 나왔다. 아이들의 시장기를 달랠 무언가를 사기엔 턱없이 부족한 금액이었다. 무엇을 사는 것이 가장 효과적일까? 근처에는 그럴싸해 보이는 것이 눈에 띄지 않았다. 길 건너에 '풍선카페'라고 쓰인 작은 트럭 카페가 보였다.

예쁘게 꾸며진 트럭에는 메뉴판이 붙어있고, 영어가 쓰여 있는 과자가 작은 선반에 놓여 있었다. 밤을 새웠는지 이른 새벽에 나왔는지 알 수 없는 젊은 여자가 작은 공간에서 나를 맞았다. 메뉴를 보니 핫초코 두 잔은 살 수 있었다. 나는 핫초코 두 잔을 주문했다. 그리고 조심스레 말을 이었다.

"제가 이른 아침에 아이 셋을 데리고 나왔는데, 서두느라 지갑을 두고 왔어요. 핫초코 두 잔 값은 되는데, 혹시 두 잔을 석 잔으로 조금씩 나누어 담아 주실 수 있을까요?"

가게 안의 여자는 웃으며 "그럼요" 하고 말했다. 순간 그녀에게 고마운 마음이 일면서, 이른 아침에 아이들을 데리고 오길 잘했다는 자랑스러움 같은 것이 올라왔다. 순간적으로 삶이 완벽해지는 느낌이었다. 한 사람의 짧은 말 한마디가 누군가의 삶을 완벽하고 자랑스럽게 만들 수 있다는 것에 신선한 충격을 느꼈다.

"여기 다 됐어요."

풍선카페의 여인은 핫초코 두 잔을 먼저 내밀었다. 나는 두 잔을 받아서 선반에 내려놓았다. 나머지 한 잔을 받으려고 한 손을 내밀었는데, 그녀가 다시 두 잔을 건네고 있었다.

"저기, 두 잔을 사고, 그것을 세 군데로 나누어 달라고 했는데요."

나는 덜컥 겁이 났다. 모자란 돈이 생각나서였다.

"네. 근데 엄마랑 네 명이잖아요. 이른 아침 좋은 추억 만드시고, 다음에 또 들러 주세요."

그녀는 핫초코 넉 잔과 과자 몇 개를 챙겨 주었다. 핫초코는 두 잔을 네 잔으로 나눈 것이 아니라, 컵이 넘칠 정도로 찰랑대는 온전한 네 잔이었다. 바닷가에서 아이들과 나란히 앉아 핫초코를 마시며 "풍선카페 사장님이" 하는 말로 시작하여 이야기를 전해 주었다. 아이들은 고마운 사장님이라며 앞으로 송정에 오면 풍선카페만 가자고 하였다. 송정 바닷가에서 핫초코만큼 따뜻한 추억을 만들고 학교 갈 시간에 맞춰 일어났다.

송정에 가면 항상 풍선카페에 갔다. 방학에 외가댁 들르듯 꼭 들렀다. 풍선카페에서 먼 곳에 주차해도 아이들은 사람이 은혜를 잊어서는 안 된다며 한참을 걸어 풍선카페에 갔다. 해변 어디에 있든 항상 그곳에 가서 핫초코를 사 왔다. 풍선카페에서 주는 쿠폰을 수십 장 모았다. 모은 쿠폰을 쓰고도 다시 수십 장을 더 모았다.

어느 날부터인가 송정 해변에 있던 작은 트럭 카페들이 사라지기 시작했다. 해변에 있던 건물에는 기업형 커피집이 들어섰다. 노점 카페 주인의 정성 어린 환대 대신 아르바이트생과 낯선 기계가 무덤덤하니 손님을 맞았다. 커피값은 몇 배로 비싸졌지만, 트럭 카페의 주인이 건네주던 인정 어린 작은 비스킷은 없었다. 자본과 사회시스템에 밀려 그 많던 작은 트럭 카페는 어디로 가버렸을까. 재미있는 이름을 가진, 작지만 아기자기하고 예쁜 카페들이 사라지는 해변은 왠지 동화가 다큐멘터리가 되어 가는 기분이었다. 무엇보다 풍선카페가 사라진 것이 아쉬웠다. 아이들은 쓰지 않은 풍선카페의 쿠폰을 보며 안타까워했다. 쿠폰을 사용하지 못해서가 아니라 다시 쿠폰을 받을 수 없다는 것이 아쉽다고 했다.

그때 초등학생이던 아이들이 어른이 되었다. 타지에 있던 딸이 집에 왔다. 오랜만에 부산에 왔으니, 바다를 보러 가자고 해서 송정에 갔다. 송정에 갈 때마다 몇 개 남은 트럭카페를 보며 아이들은 항상 풍선카페를 이야기했다. 이번에도 다르지 않았다. 딸은 학교 가기 전 이른 아침에 바닷가에 간 추억과 핫초코를 추억했다. 그러면서 한 사람의 친절이 세 아이와 엄마에게 해마다 피는 꽃처럼 즐거운 추억을 주었으니 얼마나 멋진 일이냐고 했다. 작은 친절은 절대 작지 않다며 자신도 친절한 사람으로 살고 싶다는 말도 덧붙였다. 송정에 가면 우리에겐 아직도 풍선카페가 있다. 핫초코처럼 따뜻하고 달콤하게….

삶이 바라는 것

밭머리에 서면 밭의 끝이 보이지 않았다. 부모님은 너른 밭을 빌려 고추 농사를 지었다. 가을에 고추를 따면 빚도 갚고 도지도 낼 수 있으리라. 아버지와 어머니는 희망으로 분주한 나날을 보냈다. 그해에 비가 내렸다. 며칠 동안 쉬지 않고 억세게 내리는 바람에 고추가 모두 썩어서 부모님은 한 해 농사를 망쳤다. 빚이 한 무더기 무겁게 쌓였다. 다음 해에 부모님은 더 많은 땅을 빌려 수박을 심었다. 또 비가 내렸다. 밭이 물에 오래 잠겨 있어서 수박이 썩었다. 거듭해서 농사를 망치자, 아버지는 자주 담배를 피우고 말이 없었다.

다음 해, 부모님은 마지막 사활을 걸고 같은 곳에 참외 농사를 지었다. 아! 이번에는 우박이 쏟아졌다. 우리 밭과 근처에만 우박이 떨어져 참외에 구멍이 나고 상처가 생겼다. 어떻게 그럴 수가 있을까! 세 번의 농사를 망치니 빚은 감당하기 어려운 수준이 되었다. 집에는 분홍색 압류 표지가 붙었고, 하루가 멀다고 빚 독촉장과 법원 출석통지서가 날아왔다.

부모님은 고향에 노모와 네 자식을 남겨두고 경기도 하남으로 떠났다. 여름 한 철만 농사짓는 고향과 달리 하남에서는 사계절 내내 비닐하우스 농사를 지을 수 있었다. 그것이 고향을 등진 가장 큰 이유였다. 부모님은 다시 땅을 빌려 비닐하우스 농사를 배웠다. 집을 구할 여유가 없어서 땅에 비닐 장판을 펼치고, 석유풍로 하나 놓고 비닐하우스에서 살았다. 부모님은 농작물에 피와 땀을 오롯이 쏟아부었다.

비닐하우스에서 농사지을 때는 수확이 끝나고 다음 농사를 시작하기 전에 가축분 퇴비를 뿌려 땅의 기운을 돋운다. 그 과정에서 거름 냄새가 나고 파리가 많이 생긴다. 부모님이 밭에 퇴비를 펴자, 동네 사람이 불평을 해댔다. 냄새 때문에 못 살겠다, 파리가 들끓어 못 살겠다…. 나는 화가 났다. 끝이 보이지 않을 정도로 온 천지가 비닐하우스이고, 거름을 펴는 곳이 우리 집만 있는 것도 아닌데, 왜 나의 부모님에게만 저렇게 모진 소리를 하는 건지. 텃세 부리는 것이 이런 것이구나 싶어 서럽고 화가 나서 종일 씩씩댔다. 부모님은 말이 없었다.

어느 날 아버지는 약국에서 에프킬라를 사서 지게에 지고 동네로 갔다. 마을 모든 집을 방문하여 에프킬라를 하나씩 건넨 후, 굽신굽신 인사하며 말했다.

"죄송합니다. 농사를 지어서 먹고살아야 하니 밭에 거름은 펴야겠고…. 생기는 파리를 없앨 수는 없어서 대신 파리약을 가지고 왔습니다. 우선 파리약으로 파리를 잡으시고 약이 떨어지면 연락하십시오. 제가 또 사다 드리겠습니다. 먹고 살려는 처지를 헤아려 주시면 감사하겠습니다."

이튿날 이장 아저씨가 찾아왔다. 혹시 밭에 기계가 필요하면 가져다 쓰라고 했다. 이장이 그렇게 말하면 모든 게 마무리된 거라고 어머니가 말했다. 그렇게 아버지와 어머니는 그 동네 사람이 되었다.

몇 해 후에, 전국에 홍수가 났다. 뉴스에서는 물에 잠긴 농지를 계속 보여주고 있었다. 전국에서 상추를 딸 수 있는 곳이 아버지의 농장과 인근의 비닐하우스뿐이라고 했다. 상추 가격이 하늘로 치솟았다.

어느 저녁에 아버지가 나를 살짝 불렀다. 아버지 방에 들어갔을 때, 아버지는 장판을 '휙' 젖혔다. 방바닥에는 지폐가 깔려 있었다. 아버지는 통장도 보여주었다. 통장에는 본 적이 없는 큰 숫자가 매일 찍혀 있었다. 아버지는 나를 앞에 앉혀놓고 말했다.

"아버지는 겁이 난다. 이렇게 돈이 파도처럼 밀려오니 무섭다."

아버지와 달리 나는 기뻤다. 통장의 돈도 좋았고, 아버지의 흥분과 떨림도 무척 좋았다. 행운 앞에서 겸손하게 몸과 마음을 낮추는 아버지의 모습도 자랑스러웠다.

"아버지는 이런 복을 받을 만하세요. 아버지가 매일매일 열심히 산 것을 하늘도 아는 거예요. 훔친 것도 아닌데 왜 겁이 나요." 하고 내가 말했다.

십 년 묵은 빚을 일주일 만에 다 갚았다. 집도 샀다. 끝이 없을 것 같던 고생이 마침내 끝났다. 하늘은 아버지를 순식간에 빚더미에 올려놓더니 하루아침에 돈더미에 앉혔다. 세상에 이런 일도 다 있구나.

계획을 세우고 최선을 다하면 이루어진다고 누가 말했던가.

삶은 계획한 대로 흘러가지 않는다. 바라는 대로 이루어지지도 않는다. 삶은 그런 것이 아니다. 삶은 아무것도 약속하지 않는다. 단지 한 번만 더 해보라고 요구할 뿐이다. 주어진 삶에 최선을 다해보라고 재촉할 뿐이다. 오늘 한 걸음 디디고 내일 다시 한 걸음 더 디디며, 내게 주어진 길을 담담히 걸으라 한다. 내가 생각하지 못하고 예측하지 못했던 결말로 나를 기다리고 있겠노라며.

그러니 일찍 포기해서는 안 된다. 노력했는데 몰라준다며 억울해하거나, 열심히 해도 안 된다며 좌절할 필요도 없다. 이번에 한 번 더, 다음에도 다시 한번 더. 그것이 삶이 바라는 것임을, 나는 부모님의 삶으로부터 배웠다.

5부

강물을 담고 빗물을 받아도 넘치지 않는 바다

할머니의 바다

그해 무슨 바람이 불었을까. 우리 가족은 바다로 여행을 떠났다. 출발할 때는 날씨가 좋았는데 바다에 도착하니 안개비가 자욱했다. 차에서 내리자마자 할머니는 바다로 달음질하여 갔다. 할머니가 우산을 동그랗게 쓰고 앉아 바다를 보았다. 안개비는 허공에서 하얗게 멈춘 듯했고, 하늘은 회색빛으로 흘러내려 바다로 떨어졌다. 바다는 하늘빛을 끌고 출렁출렁 다가와 할머니 발끝에서 하얗게 부서졌다. 바다의 끝인지 시작인지 모를 그즈음에서 옥색 한복을 입은 할머니가 홀로 앉아 있는 모습은 지극히 고요하고 신비로웠다.

"저게 바다구나. 넓기도 하다."

"할머니, 바다 처음 보셔?"

바다에서 조금도 눈길을 돌리지 않은 채 나지막이 고개를 끄덕이는 할머니를 보고 나는 적잖이 놀랐다. 나는 왜 할머니가 들판처럼 하늘도 산도 바다도 모두 알고 있을 거로 생각했을까? 그러고 보니 밭과 집이 아닌 곳에서 할머니와 함께 있던 기억이 별로 없었다. 할머니의 일상은 집과 밭의 언저리를 벗어나지 않았다.

동네의 모든 상량문을 쓸 정도로 할아버지는 학식이 높았다. 할아버지가 처음 혼인한 할머니는 대가족의 전통적인 삶이 견디기 힘들었던지 남편과 아들, 딸 하나씩을 남겨 두고 읍내로 가 홀로 살았다. 그 빈자리를 채운 사람이 나의 할머니였다. 가난한 농부의 딸이었던 할머니는 시집와서 두 아들을 낳고 전처소생의 자식과 함께 삼남 일녀를 키우며 큰살림을 도맡았다.

할머니는 음식 솜씨와 바느질 솜씨가 좋았고 일 마무리도 깔끔했다. 많은 일들이 할머니를 거치면, 섬돌에 신발이 놓이고 밥상에 숟가락이 놓이듯 제자리를 찾았다. 동네 사람은 할머니만 한 사람이 없다며 칭찬을 아끼지 않았다. 하지만 할아

버지는 할머니가 마뜩잖았던지 술을 마시면 할머니를 구박하고 무시했다. 할머니는 할아버지의 타박을 안으로 담을 뿐 원망하지 않았다.

할머니는 말이 없었다. 동네 아낙들이 우물이든 밭이든 모여서 수다하면 그냥 듣고 웃을 뿐이었고, 무엇을 자랑하거나 누구를 흉보지도 않았다. 수다쟁이 명화 할머니는 세상에서 우리 할머니 입이 제일 무겁다며 무슨 말을 하든지 안심이 된다고 했다. 할머니는 크게 웃거나 울지도 않았으며 큰 소리를 낸 적도 없었다. 할아버지가 돌아가셨을 때는 조용히 눈물을 닦았을 뿐 소리 내어 울지 않았다. 큰아버지, 그러니까 할머니의 아들이 먼저 세상을 등질 때도 그랬다.

"그럼, 할머니는 해가 바다 위로 올라오는 것도 못 보셨겠네. 저기 바다가 끝나는 곳에서 해가 떠올라요."

"해가 저기서 올라와? 희한하네. 바닷물에서 올라오는데 어째 해가 그렇게 뜨거울까."

나는 '풋' 웃음이 났다. 할머니가 어린아이 같았다. 나는 할머니의 얼굴을 보았다. 얼굴에 가득한 주름 사이로 할머니의 삶이 곡선으로 흐르고 있었다. 못 느꼈던 고운 감정이 선을 따라 흘렀다. 나는 할머니의 얼굴을 가만히 쳐다보다가 나도 모르게 "할머니 참 예쁘네." 하고 말했다.

말이 없는 할머니였으니 우리에게 잔소리나 핀잔도 자연 없었다. 불평하며 잔소리한 것은 오히려 나였다. 설거지가 끝나면 할머니는 행주로 그릇의 물기를 닦아놓았는데, 나는 그것이 비위생적이라며 난리를 피웠다. 식사를 마치고 할머니가 반찬을 정리하면, 먹던 젓가락으로 반찬을 뒤적이는 것이 더럽다며 신경질을 냈다. 참기름을 따른 후 병 입구를 핥을 때도 그랬다. 할머니한테서 방귀 소리가 나면 화들짝 법석을 떨었고, 한밤중에 할머니 다리에 쥐가 나면 잠결에 일어나 주무르며 귀찮아했다.

부모님이 타지로 일하러 가고, 집에는 할머니와 우리 형제만 남았을 때였다. 할머니에게 용돈을 달라고 하면 할머니는 지갑에서 돈을 꺼내어 느릿느릿 세어 주었다. 그때마다 나는 할머니가 나무늘보 같다며 짜증을 냈다. 나중에 알았다. 용돈을 줄 때 할머니의 행동이 느렸던 것은, 할머니가 글자와 숫자를 몰라서 지폐에 그려진 그림과 색을 유심히 살펴 구분하느라 그랬다는 것을.

시험 기간이면 할머니한테 새벽 다섯 시에 깨워달라고 했다. 어느 날, 설핏 든 잠이 깼다. 어둠 속에서 할머니가 벽에 기대어 앉아 있는 것이 보였다. 노인이 되면 잠이 안 온다더니 할머니도 그런가 보다 했다. 몇 년이 흐른 뒤에 알았다. 할머니가 새벽에 앉아 있던 것은 괘종시계의 종소리를 세려고 그랬다는 것을. 한 시를 알리는 종이 울리면 손가락 하나 접고, 두 번 울리면 손가락 두 개를 접으며, 다섯 손가락을 접을 때까지 할머니는 어둠 속에 앉아 밤을 새웠다는 것을. 아, 할머니는 밤이 얼마나 길었을까, 손가락이 얼마나 아팠을까.

온 가족이 시끌벅적하게 떠들며 파도 소리를 덮는 동안, 할머니는 꼼짝도 하지 않고 바다만 응시했다. 여든다섯 해 만에 처음 바다를 보며 할머니는 무슨 생각을 했을까? 당신의 지난했던 삶의 기억을 흩어 놓았을까, 고왔던 추억을 주섬주섬 주웠을까. 혹시 받아들이고 보듬기만 하며 살았던 당신을 만난 듯 바다를 반긴 것은 아니었을까. 할머니의 몸은 안개비와 섞여 흐릿해졌고, 눈길은 바다 깊숙한 곳에 들어가 헤엄치는 듯 아득했다. 할머니는 바다와 하나였다. 생애 단 한 번 할머니와 바라본 바다는 평화로웠고, 시간이 멈춘 듯했다. 다음 해 늦은 가을에 할머니는 돌아가셨다.

아이를 낳고, 그 아이를 시집보내는 동안 나도 나이가 들었다. 새벽에 다리에 쥐가 나곤 한다. 뻣뻣하게 휘는 발가락을 주무를 때마다 할머니의 마른 발이 떠오른다. 고맙다며 어깨를 쓸어내리던 할머니의 손길도 따라온다. 투덜대는 손녀에게 야단 한 번 하지 않았던, 오히려 빙긋이 웃던 할머니의 고요한 얼굴이 생각난다. 어둠 속에서 밤새 꼽았던 할머니의 손가락은 생각날 때마다 마음이 저리다.

시간이 갈수록 할머니의 모습이 자꾸만 내 삶에 들어와 자리를 차지한다. 어떻게 살아야 할지, 어떻게 늙어가야 할지, 삶을 멈추고 돌아볼 때마다 할머니가 떠오른다. 할머니를 닮고 싶다는 생각이 움튼다. 아, 할머니가 보고 싶다. 세상일에 지친 날이면 세월만큼 헐거웠던 할머니의 눈빛이 더욱 그립다.

할머니가 보고 싶을 땐 들판이 아니라 바다에 간다. 강물을 담고 빗물을 받아도 넘치지 않는 바다, 내 할머니의 바다로 ….

행복한 기도

투명 우산에 빗방울이 떨어지고 있다. 작은 빗방울 몇 개가 하나로 모여 또르르 똑 굴러떨어진다. 빗방울 사이로 보이는 통도사의 연등이 아름답다. 친정어머니가 생각났다. 불교 교리는 모르지만, 부처님을 믿고, 착하게 사는 것이 부처님의 가르침이라고 알고 계신 어머니는 '부처님오신날'이면 절에 연등을 다셨다. 자식의 무사안일을 위한 것이리라. 어머니를 위해 노란색 건강 등 하나를 접수했다. '경기도 하남시'라는 주소에 연등 접수하는 분이 "멀리서 오셨네요."라고 했다. 그 말이 '어머니가 멀리 계시네요.' 하는 말로 들렸다.

연등에 빗방울처럼 매달린 소망들이 바람결에 파르륵 댄다. 공무원 시험에 합격하기를, 할머니가 건강하기를, 수능 대박 나기를, 아들이 결혼하기를…. 소망 적힌 꼬리표가 흔들린다고 한 사람의 기도가 바람에 날리듯 가벼울까, 연등이 빗물에 젖는다고 소망도 젖을까. 간절한 소망을 한 줄로 남기고 간 사람들의 마음을 헤아려 본다.

아침에 일어나면 촛불 꺼진 냄새가 났다. 이른 새벽, 시어머니는 촛불을 밝혀 놓고 기도하셨다. 몇 시에 일어나 기도하는지는 알 수 없었다. 일찍 일어나도 낮게 앉아 계신 시어머니의 뒷모습이 보였으니. 자식 내외가 여덟 명, 손주가 여덟이니, 더해서 열여섯 명이다. 어머니의 성품을 미루어 짐작건대, 자손 이름을 하나하나 부르며 꼼꼼하게 기도하셨을 테니 늘 기도 시간은 길었으리라. 행여 정성이 부족하면 이르지 못할까 하여 간절함은 매일 새로웠으리라.

시어머니는 명절에 가족이 모이거나 어쩌다 자손이 들르면 "너희들을 위해 열심히 기도하고 있으니, 모두 잘될 거다. 걱정 마라."고 하셨다. 떨어져 있어도 자식을 보살피고자 하는 마음이 고스란히 전해져오는 말씀. 신이 바빠 어머니를 보냈다고 했던가, 시어머니의 기도는 항상 든든했다.

친정어머니도 매일 부처님께 기도드린다고 하셨다. 어머니에게 자식을 위해 어떤 기도를 하는지 여쭈어보았다. 자식이 넷이고 각자 처한 상황이 다르니 어머니의 기도 내용도 달랐다. 나는 건강하게 해 달라고 기도하고, 사업하는 오빠는 돈 많이 벌게 해달라고 부탁한다고 하셨다. 주말부부로 사는 동생은 가족이 모여 행복하게 살게 해달라고 빌고, 집 없는 막내는 집 사게 해달라고 염원한다고 하셨다.

우리는 모두 나름대로 잘살고 있다고 생각했는데 어머니가 보시기엔 부족했나 보다. 어머니는 자식에게 말하기 불편한 바람을 부처님 앞에 기도로 털어놓으신 것 같았다. 자식에 대한 근심과 걱정이 기도가 되고, 기도는 다시 갈망이 되어 어머니의 일상을 흔들지 않았을까.

어머니가 들려주신 어느 겨울의 이야기가 생각났다. 한밤중에 두 살이던 내가 갑자기 파랗게 변하면서 숨을 못 쉬며 죽어가더란다. 병원은 문이 닫혀 있을 시간이었다. 어머니는 경기로 죽어가는 아이를 살렸다는 만신이 초성리에 산다는 말을 이웃에게 들었다. 삼십 리 떨어진 마을이었다. 시골에 그것도 한밤중에 택시가 있을 리 만무했다. 어머니는 나를 업고 삼십

리 길을 달렸다. 어머니 말씀으로는 머리는 산발하고, 엄동설한에 양말도 신지 않은 채 애를 업고 달렸다고. 애가 무거운 줄도, 당신이 숨 차는 줄도 몰랐다. 물어물어 찾아간 만신은 애를 보더니 이미 살기 틀렸다며 집에 돌아가라고 했다. 혹시 모르니 마지막으로 물에 타서 먹여보라며 가루약 하나를 주면서.

추운 한겨울 어둠 속에 다시 아이를 업고 삼십 리 길을 달려온 어머니. 땀에 흠뻑 젖은 몸을 추스를 새도 없이 만신이 준 약을 물에 타서 내게 떠먹이고, 어머니는 아이를 살려 달라고, 살게만 해 달라고 밤새 빌고 또 빌었다. 늦은 아침에 파리한 내 입술이 발개지면서 생기가 돌아왔다며, 어머니는 오십 년도 훨씬 더 지난 일을 마치 방금 겪은 것처럼 눈시울을 붉히며 말씀하셨다. 말씀 끝에는 허공에 두 손을 모으고 고개를 숙이셨다.

어머니의 가슴 떨리는 그런 기도가 아직도 계속되고 있을 것을 생각하니 가슴이 아려왔다.

"엄마, 엄마가 우리 맏딸 건강하게 해 주세요 하면 내가 건강하다는 거야 아프다는 거야?"하는 나의 물음에 "아프다는 거겠지."하고 어머니는 답하셨다.

"엄마가 우리 맏딸 건강하게 해 주세요 하고 기도할 때, 기도가 이루어지려면 먼저 내가 아파야 할 거 아냐. 엄마가 건강하게 해 달라고 간절하게 기도할수록 내가 더 심하게 아파야 한다는 거지. 그러니까 엄마, 나를 위해 이렇게 기도해 줘요. 우리 맏딸 건강하게 잘 지내고 있으니 감사합니다. 이렇게요. 다른 기도도 마찬가지예요. 막내는 아직 집을 못 샀지만, 좋은 아파트에서 잘살고 있으니 감사합니다, 아들 사업이 번창하여 하루하루 잘 먹고 잘살고 있으니 감사합니다, 셋째는 가족이 화목하니 감사합니다. 부처님이 감사받으려면 어떡하시겠어? 잘살게 해 주시겠지. 그러니까 엄마, 우리를 위해 이렇게 감사 기도만 해 줘요."

어머니는 곰곰이 생각에 잠기셨다.

기도가 행복한 삶을 위한 것이라면 기도하는 순간부터 행복해야 한다. 내일 행복할 것이라는 소망으로 오늘을 헛헛하게 살 수는 없다. 부족하거나 원하는 것을 간절히 바란다고 그 마음이 채워지며 만족해지는 것은 아니다. 끝없는 갈망의 기도는 항상 목이 마르지 않을까. 간절할수록 가슴까지 마르지 않을까. 삶이란 더하려면 끝이 없지만, 빼려면 뺄 것이 없는 완벽함 자체가 아니던가. 주어진 삶에 감사하면 완벽한 만족이 느껴지고 그 순간 행복하리라. 매일 수십 번 수백 번 숨처럼 쏟아내었던 어머니의 간절한 기도 시간이 이제는 삶의 충만함으로 기쁜 일상이 되기를 바랐다.

그다음 친정에 들렀을 때, 어머니는 슬쩍 지나가는 말로 "매일 감사하다고 부처님께 기도하고 있다."고 하셨다. "진짜?" 하고 되묻는 나의 말에 "그럼. 감사하다고 기도하니까 너희가 더 잘 지내는 것 같아서 엄마가 좋아."라고 하셨다. 엄마의 말이 참 좋았다.

어머니의 기도처럼 연등 끝에 소망 한 자락씩 달아놓고 돌아섰을 사람들. 연등에 작은 마음 달아 놓았으니, 그것만으로도 이미 반은 가벼워지지 않았을까. 나머지 반은 봄날에 꽃잎이 열리듯 감사하는 마음으로 피어나길 고개 숙여 기도한다.

이모, 여기 소주 한 병 더요

목련꽃이 꽃잎을 활짝 열고 햇볕 쬐던 날, 지인이 한 달 전에 얻어먹은 저녁을 갚겠다며, 휴대 전화로 음식점 지도 하나를 '톡' 보내왔다. 지도를 보며 버스를 타고 낯선 동네 골목을 돌아 돌아서 찾아갔다. 간판이 커다란 음식점이었다. 실내의 온기로 유리창 가장자리가 뽀얗고, 유리창 넘어 흐릿한 불빛이 따뜻해 보였다. 꽃잎은 벌어졌어도 살얼음 같은 날씨가 옷깃을 뚫고 들어오는 저녁, 서둘러 음식점에 들어섰다. 몇 테이블에서 냄비라고 하기에는 커다랗고 솥이라 하기에는 작은 그릇에 음식이 끓어오르고, 그 옆에 소주와 맥주병들이 주춤주춤 대화를 기다리고 있었다.

입구 가까운 곳에서 아는 얼굴이 손을 들어 나를 불렀다. 커다란 그릇 안에 빨간 새우와 입 벌린 조개들이 끓는 물이 파도인 양 펄떡이고, 미나리, 버섯 등의 야채들이 푸르게 무성했다. 그리고 꿈틀꿈틀 낙지들의 움직임. 인사 대신 "아이고, 미안해서 이 낙지를 우째 먹을꼬." 하니 지인은 "그러면서 다 먹을 거지요?"라고 했다. 손을 내밀어 악수하면서 "그렇겠지?" 하며 인사 대신 대꾸했다. 의자에 엉덩이를 맞춰놓고 낯선 이도 한 명 소개받았다. 자리에 앉자마자 지인이 "술 한 잔?" 하고 물었다. 보약을 먹는 중이라는 말이 뇌를 스치는데 입은 "좋지. 술 없으면 섭섭한 자리네." 하고 있었다. "이모 여기 소주 두 병 주세요."

바람이 느릿한 날에 하늘과 바다가 맞닿은 지점의 색을 담은 소주 두 병이 내 앞에 나타났다. 소주를 좋아하지 않는 나는 맥주를 하나 시키려다 그 색에 반하여 멈칫했다. 가만 병을 보니 하늘이 들어 있는 것도 같고, 바다가 출렁이는 것도 같고, 우리 고양이 눈이 깜박이는 것도 같았다. 나는 '오늘 나는 저 소주를 마신다.'고 생각하며 소주병을 들었다. "소주 따기 전에 인디언 춤 같은 의식이 있던데." 하면서 듣고 있으니, 처음 만난 사람이 웃으며 소주병을 가져갔다. 소주병 중간을 잡고 현란하게 흔들다 밑동을 치더니 뚜껑을 땄다. 내 잔에 먼저 채워주었다. 나는 병을 건네받아 빈 잔들을 채웠다.

소주 한 모금 삼키는데, 햐, 내가 알던 소주 맛이 아니었다. 벚꽃 피는 날이면 보던 '봄밤'이란 드라마가 떠올랐다. 미혼부인 남자주인공 정해인이 꽃 같은 처녀인 여자 주인공 한지민에게 조심스레, 신중하게, 그리고 미안한 마음으로 다가가는 사랑의 마음, 그런 맛이었다. 내가 알던 노골적이고 폭력적이던 소주 맛은 어디로 간 것인가. '허, 이거 발칙한 맛이네.' 하고 속으로 생각하며 나는 얼른 한 잔을 털어 넣었다. 앞에 앉은 이가 빈 잔을 얼른 채워주었다.

처음 소주를 마신 것은 대학교 첫 여름 방학 끝 무렵이었다. 고등학교 선배가 대학교 근처의 한 술집으로 불렀다. 모든 술집이 문을 활짝 활짝 열어젖히고 온갖 안주 냄새를 거리로 흘려보내며 지나는 사람을 유혹하고 있었다. 들어간 술집은 젊음이 가득 찼다. 둥근 테이블 가운데에서는 연탄불에 고기가 익어가고, 네모난 석쇠의 꼭짓점마다 술잔이 놓여 있었다. 수학과 둘, 신문방송학과 하나, 도서관학과 하나, 네 명이 사각형의 각 꼭짓점을 술잔으로 찍으며 잔을 기울였다.

소주 반 잔을 마셨는데 이상하게 고기가 젓가락에 잡히지 않았다. "선배님, 왜 고기가 잘 안 잡혀요?" 하는 내 말에 선배들이 "겨우 소주 반 잔에 벌써 그런 거냐."며 웃었다. 나머지 반 잔을 마시고 "선배님, 저 화장실 좀." 하면서 일어났는데, 그대로 등받이 없는 의자 뒤로 넘어갔다. 겨우 소주 한 잔에 휘청거릴 사이도 없이 땅바닥을 온몸으로 맞은 예상치 못한 상황. 선배 둘은 놀라서 나를 끌고 밖으로 나가 도롯가에 앉혀 부채질해 주었다. 한 선배는 약국으로 뛰어가 약을 사 왔다. 세 선배는 어찌나 놀랐는지 그 뒤로는 내 앞에 소주 대신 환타를 놓았다.

자신의 주량을 모르면 위험하겠다는 생각이 들었다. 그날 이후 자취방에 들어갈 때는 집 앞 슈퍼에서 소주 한 병, 새우깡 하나를 샀다. 다음 날이면 소주병은 드러누운 채 병목 높이만큼 남은 소주로 찰랑대고, 새우 없는 새우깡은 흘린 소주에 부풀어 흐물흐물 헤엄치고 있었다. 소주잔은 나처럼 제멋대로 나동그라져 있고, 가관이었다. 그렇게 하루 이틀 사흘 연습하니 한 잔 두 잔 주량이 늘어서 모임에서 소주잔을 들고 부딪칠 정도는 되었다.

희한한 것이 소주 첫 잔을 마시고 나면 왜 그렇게 잠이 몰려오는지, 두어 잔 마시고 나면 그 자리에서 잠이 들었다. 자취방에서 소주 마시고 잠든 기억 때문이었을까. 소주 마신 자리에서 옆 누군가의 어깨에 또는 의자 등받이에 그것도 아니면 턱을 가슴께에 붙이고 잠이 들었다. 흔들흔들. 그러다 십오 분, 이십 분 정도의 시간이 지나면 잠이 깼다. 그때부터는 술이 술을 마셨다. 그때부터였을까, 맥주는 첫 잔이 제일 맛있고, 소주는 넉 잔부터 맛있는 것이.

나에게는 소주의 화신이 하나 있었다. 그녀는 소주를 좋아했다. 내가 맥주 마실 때 그 친구는 항상 소주를 마셨다. 소주가 아니면 아예 술을 마시지 않았다. 안주는 맹물이었다. 그녀는 술집에 들어서면 항상 "이모, 여기 소주 한 병이랑 물 한 잔 주세요."라고 했다. 소주잔을 엄지와 검지로 들고 살포시 붉은 입술 사이로 소주를 흘려 넣었다. 고개도 별로 젖히지 않고 소주 한잔에 물 한 모금 마시는 그 모습이 그렇게 우아하고 예쁠 수가 없었다. 한 인간이 작은 소주잔과 어쩜 저렇게 잘 어울릴 수가 있는지. 나는 그녀의 술 마시는 모습을 안주 삼아 맥주를 마시곤 했다. 언젠가 나도 저렇게 예쁘게, 사랑스럽게 소주를 마실 거야, 꿈꾸면서.

이 소주라면 나도 그녀처럼 마실 수 있지 않을까. 하지만 친구처럼 우아하게, 황홀하게 마시는 분위기는 안 되겠다. 친구가 맹물을 안주 삼았던 것과 달리, 낙지를 가게 주인이 와서 가위로 먹기 좋게 잘라 놓자마자 나는 술잔 사이사이 먹어버렸으니. 친구가 소주 한 잔을 한 번에 흘려 넣는데, 나는 한 잔을 세 번에 나누어 마시니, 그녀를 닮기는 틀렸다. 예쁘게 소주 마시는 여자는 포기하지만, 즐기는 여자는 가능하지 않을까. 일단 마시고, 우아하게 마시는 모습은 천천히 생각해 보기로 했다.

나에게 맥주는 즐겁고 소주는 깊었다. 잔을 부딪치며 하얀 거품처럼 가볍고 환한 이야기를 나눌 때는 맥주가 좋았다. 반면에 진지한 이야기로 들어갈 때는 맑고 투명한 소주와 함께이고 싶었다. 가끔 널브러진 소주병 사이에 퍼질러 주저앉아 있고 싶었고, 테이블 위에 삶의 전리품처럼 열댓 개의 소주병을 세워두고 싶었다. 사람을, 사랑을, 삶을 이야기할 때는 소주의 투명한 물속을 헤엄치며 깊이 멀리 가고 싶었다.

하지만 지금까지 내 혀끝을 파고드는 소주의 맛은 노골적이고 저돌적이었으며, 핀잔을 주는 듯 불친절해서 가까이하지 못했다. 나는 매번 인상을 찌푸렸다. 가끔 소주를 마셔야

하는 날은 혀를 건너뛰고 목구멍으로 바로 부어버렸다. 인생의 쓴맛을 지우기 위해 마시고, 허전한 마음을 채우기 위해 소주를 마신다지만 이래서 지워지고 채워지기나 하는 것인지, 소주 애호가들의 변을 이해하지 못했다. 그냥 소주 맛은 상처 같았다.

옅은 하늘색인 듯 바다색인 듯한 소주병 색깔에 반해 마신 소주 한잔, 이것은 왜 이렇게 한때 잠깐 좋아했던 뒷집 머슴아 같이 조심스레 수줍듯 다가오는지. 지인은 "이제 인생의 쓴맛을 아는구나. 아니면 요즘 삶이 써서 소주가 달아졌던가."라고 말했다. 아무렴 어쩌랴, 드디어 나도 화장실 안 가고 오래오래 앉아서 술잔을 기울일 수 있겠다.

소주가 좋다. 나는 먹던 한약을 다 먹고 나면 매일 소주를 마시리라 작정한다. 해가 약간 기운 이른 오후부터 낮술을 하리라. 낮술이란 단어가 주는 그 헐렁함, 자유로움, 한량 같은 그 느낌이 좋아 하늘색 병 소주로 낮술을 하리라 계획한다. 오랜 소망처럼. 이모, 여기 소주 한 병 더요.

손끝에서 부서지는

물리치료사는 손끝으로 나의 오른쪽 어깨부터 손까지 집중적으로 치료한다. 그는 시선을 멀리 두고 손끝으로 나의 근육을 탐색한다. 물리치료사의 손놀림에 한껏 움츠리며 팽팽하게 저항하는 나의 근육을 느낀다. 그는 여기구나 싶으면 힘을 주어 치료하는데, 어찌나 아프던지 비명과 동시에 눈물이 저절로 툭 튀어나온다. 어릴 적에 읽었던 『731부대』가 떠오른다. 내가 마루타가 된 기분이다. 독립 투사들이 고문당하는 장면을 상상한다. '아, 나는 독립운동은 못 하겠구나'하고 절망한다. 그는 어떻게 하면 나를 아프게 할지 연구하는 사람 같고, 철천지원수에게 복수하는 사람 같다.

언제부턴가 오른쪽 팔이 이상했다. 갑자기 천근만근 무거워졌다. 앞으로도 옆으로도 들 수가 없었다. 위로 올릴 수도 없고, 뒷짐은 아예 질 수가 없었다. 어쩌다 어깨가 부딪히거나 팔의 각도가 어긋나면, 파도 같은 통증이 온몸을 마비시키고 숨소리조차 끊어버렸다. 세수할 수도 없고, 옷을 제대로 입을 수도 없었다. 숟가락과 젓가락이 무거워 밥 먹는 것도 힘이 들었다. 한 숟가락 간신히 먹고 나면 팔을 늘어뜨리고 쉬어야 했다. 어쩌다 이런 일이 생긴 것일까?

병원에 가서 많은 검사를 했다. 어깨를 감싸고 있던 근육이 어떤 것은 파열되고 어떤 것은 뭉쳤단다. 수술을 제안받았다. 얼마 전에 비슷한 증세로 수술한 동생이 생각났다. 동생은 수술 후 물리치료를 받으며 평상시로 돌아오기까지 약 두 해가 걸렸다고 했다. 나는 여러 의견을 모아 수술 대신 물리치료만 받으며 치료하기로 했다.

여러 달이 지났다. 치료 시간은 매번 고통의 시간이었고, 그것을 견뎌내며 시나브로 나아지고 있다는 것에 나는 자부심마저 느꼈다. 처음 물리치료사를 만났을 때, 갑자기 아파서 왔다는 내 말에 그는 대꾸가 없었다. 거문고 줄을 고르듯 내 근육을 치료하다가, 그가 문득 말했다. 몸은 단시간에 이렇게 될 수가 없다고. 아주 오랜 시간 조금씩 통증의 무게가 쌓이고 쌓이다 어느 순간 견디다 못해 툭 놓아버린 것이라고. "최소한 5, 6년은 아프셨을 겁니다." 하고 덧붙였다. 물리치료사는 손끝으로 내 몸의 근육 사이를 더듬고, 그사이에 묻어둔 내 오랜 시간의 흔적을 문질렀다.

집에 와서 가만히 생각해 보았다. 그러고 보니 많은 일상이 보이기 시작했다. 아침에 일어나면 뻑뻑하고 무겁던 어깨. 헬스장 가서 털털이라고 불리는 기계에 등과 어깨를 풀어주면 그제야 움직이던 팔. 가끔 어깨가 찢어지거나 칼로 베어내듯 아파서 남편과 아이들에게 주물러 달라곤 했었다. 물리치료사 말이 맞았다. 나는 수년간 어깨가 무척 아팠다. 그런데 누구나 그러한 줄 알고 크게 신경을 쓰지 않았다. 나는 내 몸을 돌보지 않았던 것이다.

일주일에 세 번, 물리치료사는 손끝으로 내 근육 사이의 상처를 찾아내고, 나는 통증으로 아픈 곳을 알아챘다. 낯선 사람의 손끝과 나의 감각이 같은 곳에서 만날 수 있다는 것에 경이감을 느꼈다. 문득 우리는 각자 자기만의 방식으로 타인의 고통을 만나고 이해하는지도 모르겠다는 생각이 스쳤다.

나는 어깨가 아픈데 물리치료사는 손을 치료하고, 손에서 통증이 느껴지면 나는 온몸이 아팠다. 통증이 너무 심해 살살 해 달라고 애원하면, 그는 같은 힘의 크기로 다른 곳을 눌러 주며 비교해 주었다. 그것은 아프기는커녕 누르는 느낌이 없을 정도의 강도였다. 아, 상처 입은 곳은 살짝만 건드려도 이렇게 아프구나. 몸만 그렇겠나, 상처받은 마음도 타인의 눈길 하나, 말 한마디에도 아프다. 아프다는 것은 내 안에 이미 상처를 품고 있다는 의미였다. 누군가로부터 내가 상처받는다면, 그것은 그 사람 때문이 아니라 내 안에 있는 치료받아야 할 상처가 있음을 기억하리라.

치료가 거듭될수록 꼼짝 못 하던 팔이 잘 움직인다. 팔이 머리 위로 올라가고 옆으로도 들린다. 세수도 하고, 목도 닦고, 넉 달 만에 오른손으로 왼쪽 어깨를 닦았다. 조수석에 앉아 안전벨트도 몸을 틀지 않고 맬 수 있게 되었다. 아직 브래지어를 예전처럼 입지는 못한다. 그것을 하는 것이 작은 목표다.

남편에게 앓는 소리 하는 것도 미안하고, 애들한테 아프다 하는 소리도 잔소리 같아 조심스러웠지만, 물리치료사에게는 어디가 얼마나 아픈지 실컷 이야기할 수 있다. 그는 나의 이야기를 푸념으로 듣지 않는다. 정보로 받아들이며 어디가 얼마나 아픈지 더 자세히 묻는다. 내가 얼마나 아픈지를 자랑처럼 맘껏 말할 수 있다는 것이 이리 속 시원할 줄이야. 누군가 아프다고 하소연할 때는 열심히 들어주어야겠다고 좁쌀만 한 나의 아량을 넓힌다.

마무리할 때 물리치료사가 몸의 형태를 잡아 테이핑해 주는데, 뭔가 어색하다. 이상하다고 말하니 "원래 있던 그 자리로 돌려놓은 건데 아프다 하면 어쩝니까."라며 핀잔처럼 말을 던진다. 그렇구나, 원래 있던 곳에서 시나브로 비꾸러져서 자리를 벗어난 줄도 몰랐구나. 엉뚱한 자리에 익숙해져서 그 자리가 제자린 줄 알았네. 몸과 마찬가지로 마음도 그런 부분이 많겠다. 몸은 이렇다 쳐도 벗어난 마음은 누가 바로 세워주려나.

매번 물리치료를 받으러 병원에 가는 것이 두렵지만, 고통을 마주하고 통증을 견뎌내는 과정을 통해 나의 용기와 인내심을 확인한다. 통증은 그저 통증일 뿐, 삶의 고통이 아니라는 것도 깨닫는다. 몸을 온전히 내맡기면서 마음을 온전히 내려놓는 법도 터득한다. 물리치료 시간이 어깨를 치료하는 것을 넘어 마음을 치료하고 삶을 치료하는 시간이 되고 있다.

오히려 내가

토요일 아침이었다. 서둘러 집안일을 마치고 아이가 다니는 중학교로 향했다. 산 중턱에 있는 학교에 가는 길은 등산하는 것과 다를 바가 없었다. 조금만 걸어 올랐는데도 벌써 콧등에 땀이 촉촉하게 맺혔다. 헉헉대며 운동장을 지나니 학교 현관에 현이 엄마가 막 들어가는 것이 보였다. "같이 가."하고 소리치니 현이 엄마가 뒤돌아보고 손을 흔들었다. 숨 고를 새도 없이 서둘러 학교 조리실로 향했다.

반찬을 만드는 날이었다. 열일곱 명 집의 반찬을 조리해야 했다. 조리실에는 네 명의 엄마가 먼저 와 있었다. 벌써 커다란 솥을 씻거나 재료를 테이블에 널브러 놓는 등 바쁘게 움직이고 있었다. 한바탕 손을 흔들고 야단법석을 떨며 인사를 나누었다. 이번에는 어묵국에 오징어무침과 콩나물무침, 멸치와 아몬드 볶음, 돼지고기 야채 볶음을 요리할 예정이었다. 나는 돼지고기 야채 볶음을 맡았다. 각자 할 일이 정해지자, 모두 뒤도 돌아보지 않고 할 일을 찾아 자리를 떴다. 나도 돼지고기며 양파, 파 등 재료를 부스럭부스럭 꺼내 들고 테이블 하나를 차지했다. 커다란 도마와 칼을 씻은 다음 그 위에 돼지고기를 넣고 썰기 시작했다.

내가 한 손으로 커다란 팬을 들어 흔들면서 고기를 볶자, 다른 엄마들이 "프라이팬 다루는 것을 보니 주부는 맞는가 보다."며 흉인지 칭찬인지를 해댔다. 현이 엄마는 대접만 한 국자로 국을 떠서 간을 보라며 들고 다녔고, 선이 엄마는 콩나물이 생각보다 질기다며 안타까워하면서 맛을 보았다. 그러다 콩나물 다 먹겠다는 말에 모두 깔깔깔 웃었다. 서로를 격려하고, 솜씨도 자랑하며 시간 가는 줄 모르고 바쁘게 일했다.

어쩌다 보니 어머니회에서 활동하게 되었다. 자연스레 학교 일과 아이들 생활에 관심을 두게 되었다. 그러다 제법 많은 아이가 아침과 저녁을 제대로 먹지 못한다는 것을 알았다. 학교 급식이 제대로 먹는 유일한 식사라는 것을 알고 나니 마음이 편치 않았다. 어머니회의 엄마들은 그 아이들에게 뭐라도 챙겨주고 싶어 했다.

뜻을 같이하는 엄마 여섯이 모였다. 학교의 도움을 받아 반찬을 만들기로 했다. 아이의 사생활을 보호하기 위해, 반찬을 만들어 집에 가져다주고, 앞서 건네준 빈 그릇을 수거하는 방식을 생각해 냈다. 네 명의 가족을 기준으로 반찬을 준비하기로 했다. 몇 아이는 내 아이의 친구라서 얼굴과 집을 알았지만, 나머지는 모르는 아이였다. 굳이 알려고 하지도 않았다. 그저 반찬을 해서 집에 가져다주고 빈 그릇을 가져올 뿐.

아이들은 토요일이면 현관이나 마루에 빈 그릇을 두었다. 몇 아이는 기다렸다가 빈 반찬통과 새로 한 반찬을 교환했다. 어떻게 해야 할지 몰라 쭈뼛쭈뼛하는 아이에게 반찬이 언제 올지 모르니 다음에는 반찬통만 내어놓고 마음 편하게 놀러 가라고 일러 주었다. 그다음부터 아이는 있기도 하고 없기도 했다.

몇 달이 흘렀다. 교장선생님이 들렀다. 반찬 만들기를 끝내고 뒷정리도 말끔히 끝낸 후 각자 맡은 곳으로 반찬을 전해주러 갈 일만 남았을 때였다. 교장선생님은 아이들이 와서 슬쩍 건네고 간 편지라며 건네주었다. 한 아이의 편지가 우리를 울렸다.

그 편지에 의하면, 편지를 쓴 학생은 삼 학년이었고 중학교 일 학년인 여동생과 아버지, 이렇게 세 식구가 같이 살고 있었다. 반찬을 해주는 사람이 없어서 아침에는 굶거나 시리얼을 먹는데 그것도 지겨워서 먹지 않는 날이 많았다. 점심은 학교에서 최대한 든든하게 먹으려고 했다. 저녁에는 편의점에서 김밥을 사 먹거나 컵라면으로 때웠다. 주말이 사실 제일 힘들었는데, 주로 나가서 친구들과 놀면서 떡볶이나 햄버거를 먹는 것으로 배를 채웠다. 아버지도 아침에는 빈속으로 나가고 저녁에는 늦게 들어왔으며, 술을 마시고 오거나 저녁을 먹고 들어왔다. 가족이 셋밖에 없는데도 가족이 모두 모이는 경우가 없었다.

사춘기 소녀의 촘촘한 글씨는 편지지 두 장을 채우며 이야기를 계속하고 있었다.

반찬을 준다고 했을 때 처음엔 기분이 나빴어요. 거지도 아니고 다른 아이들이 알까 봐 싫었거든요. 따뜻한 국이랑 반찬이 집 앞에 있어서 가지고 들어갔는데 갑자기 배가 고팠어요.

잘 못하지만 오랜만에 밥을 했어요. 밥상을 펴서 반찬을 덜어 놓고 밥을 먹는데, 이상하게 눈물이 나서 동생하고 밥 먹으면서 울었어요. 남은 반찬은 냉장고에 넣었는데 부자가 된 기분이었어요.

처음엔 수요일이 되기도 전에 반찬이 다 떨어져서 목요일부터는 다시 굶었어요. 두 번째 세 번째 반찬을 받으면서 요령이 생겼어요. 조금씩 나누어 먹게 되었지요. 그리고 계란프라이를 하고 김을 사서 같이 먹기 시작했어요. 반찬을 조금씩 만들어봐야겠다고 생각은 하는데 그게 잘 안돼요.

무엇보다 좋은 것은 아버지와 밥을 먹게 된 것입니다. 셋이 모여서 밥 먹어본 게 몇 년 만인지 모르겠어요. 가끔은 아버지랑 밥을 먹으려고 저녁을 안 먹고 기다려요. 저번에는 아버지가 밥을 했어요. 제가 반찬을 놓고 동생이 숟가락을 놓았어요. 세 식구가 같이 밥을 먹게 된 것이 제일 좋습니다. 동생은 행복하다며 밥 먹으면서 울었어요. 감사합니다. 가족이 무엇인지 알게 된 것 같아요. 정말 감사드립니다.

편지는 이 사람 손에서 저 사람 손으로 전해졌고, 편지가 지나간 후에는 모두 눈물을 닦고 있었다. 편지가 몇 달 동안 바빴던 우리의 하루를 보석처럼 빛나게 해주었다. '아, 이런 걸 보람이라고 하는구나.' 하며 우리는 오히려 이런 감정을 느끼게 해 준 그 아이에게 고마움을 느꼈다.

세상살이가 어찌 일방통행이겠는가. 주는 것이 어찌 주기만 하는 것이겠는가. 대가를 바라지 않고 자발적으로 어떤 일을 하는 것을 봉사라고 한다. 나는 세상에는 주는 것이든 받는 것이든 공짜가 없다는 것을 그때 절실히 깨달았다. 반드시 대가가 있다. 그리고 대가는 마치 눈덩이 굴리듯 점점 커져서 돌아온다. 나는 그 아이로 인해 내가 하는 작은 일의 의미를 찾았고, 내게도 사랑이 있음을 확인했으며, 더불어 사는 세상이 얼마나 따뜻한지 알게 되었다. 주변을 돌아볼 기회와 여유도 얻었다. 모두 아이들 덕분이었다. 내가 감사하다.

뉴스를 보다가

한 정치인이 내가 사는 부산에서 괴한으로부터 습격을 당하는 장면이 카메라에 그대로 찍혔다. 당대표 L이었다. 한 남자가 뛰어오르며 목을 칼로 찌르는 장면이 생생했다. 폭력 영화에서 나오던 장면을 현실로 목격하니 그 섬뜩함에 몸서리가 쳐졌다. 영화를 볼 때도 그런 장면에서는 가슴이 오그라들어 눈을 가리거나 고개를 돌리곤 했는데, 당대표 L에게 일어난 피습 장면은 눈을 가릴 사이도 없었다. 비상구 없이 갇혀버린 듯 무섭고 두려웠다.

목에 날카로운 칼날이 박혔다는데, 더구나 한 남자가 높이 점프하면서 기습했으니, 그가 무사한지 걱정이 되었다. 인간의 몸 중에서 머리와 가장 가까운 목은 인간의 생명과 모든 감각을 담당하는 기관이 지나는 골목이다. 조금의 상처도 가볍지 않을 것이었다. 한 사람이 그것도 대통령 후보였던 한 정치인이 누군가로부터 그런 일을 당하여 긴급하게 이송되었다는 말에 그의 안부가 궁금했다. 어떻게 이런 일이 벌어질 수 있는지 사건의 전말도 궁금했다.

오랜만에 뉴스를 켰다. 뉴스는 내가 알고 싶은 정보는 자세하게 다루어주지 않았다. 대신에 다른 내용이 다루어졌다. 당대표 L이 부산대학병원에서 헬리콥터를 타고 서울대학병원으로 이송되었단다. 방송은 그것이 특혜인가 아닌가, 부산대학병원을 무시하는가 등의 부차적인 내용으로 시끄러웠다. 가해자는 비밀인지 분석은커녕 설명도 없고 정치적 냄새만 풍겼다. 어이가 없었다.

피해자의 고통과 상황이 어떤지 가늠하지 못하게 하는 뉴스. 정보 대신 분노를, 인간으로서 가지는 연민과 걱정에 대한 위안보다는 저열한 정치적 분열을 심어주고 있었다. 뉴스가 나를 모욕하고 있었고, 나를 무시하고 있어서 뉴스를 보는 동안 가슴에 분노가 차올랐다.

알랭 드 보통은 저서 『뉴스의 시대』에서 '삶을 인도하는 원천이자 권위의 시금석으로서의 종교를 뉴스가 대체할 때 사회는 근대화된다.'는 철학자 헤겔의 말을 인용하며, 뉴스는 우리에게 종교로서의 권위와 신앙인으로서의 태도를 요구한다고 했다. 그는 뉴스가 자연스러운 일상의 언어로, 그들이 정한 뚜렷한 우선순위에 따라, 새로운 세상을 우리 마음속에 짓고 있다고 했다. 뉴스가 사람들이 사회에 대해 관심을 갖도록 끌어내고, 개혁해 나갈 때 한계를 만나더라도 분노하지 않고 수용할 수 있도록 도와야 한다고도 했다. 그러면서 뉴스는 공동체를 해치는 해악을 감시하고, 세련되고 관용적인 국가상을 제시하며, 사회의 구성원으로서 자부심을 느끼도록 공감대를 형성해야 한다고 주장했다.

그런데 최근에 내가 본 뉴스 대부분은 피해자인 당대표에 대한 연민을 차단하고 오히려 그가 잘못한 것처럼 그에 대한 분노를 재촉하고 있었다. 폭력을 묵인하면 폭력을 부추기는 것과 다르지 않다. 뉴스는 가해자를 보호하는 듯했고, 가해자의 행동을 테러로 부르지도 않거니와 사건을 가볍게 여기도록 유도하고 있는 듯 보였다. 알랭 드 보통이 말한 뉴스의 역할과

반대로 행동하는 우리의 언론이 심히 우려되었다. 뉴스가 국민을 전파로 끌고 가는 방향과 무조건적인 복종을 종용하는 흐름을 보면서 나는 무서웠다.

이미 저 뉴스를 종교로 믿고 뉴스 신자가 된 사람이 많으리라. 그들은 뉴스와 다른 의견을 가진 사람을 이방인으로 취급하며 손가락질하고 돌을 던지고 있을지도 모르겠다. 뉴스가 틀렸다고 말하는 사람은 이단자로서 핍박받는 사회가 이미 되었다면 어쩌나. 생각이 없는 뉴스의 수신자들, 생각이 있다고 주장하는 세뇌된 자들, 판단의 기준을 잃어버린 뉴스 소비자들. 뉴스 하나가 어떻게 사람의 생각을 망치고, 인간이 추구해야 할 가치체계를 무너뜨리며, 이 사회를 암흑의 길로 끌고 가는지 확연하게 경험하는 요즘이다.

얼마 전에 죽음을 선택한 배우 L씨를 생각하면 나는 가슴이 아프다가 분노가 치민다. 그는 내가 좋아하는 배우였고, 내가 가장 좋아한 '나의 아저씨'란 드라마의 주인공이었다. 그는 드라마를 통해 내게 소시민으로 살아가는 중에도 영웅적인 삶을 살 수 있다는 소박하지만 위대한 가르침을 전해주었다. 협박받은 사실을 신고한 그를 보호하기보다는 협박자의 주장에 오히려 배우 L씨를 수사한 기관. 수사 결과 혐의가 없음에도 불구하고 끊임없이 모욕감과 절망감으로 사회적 살인을 한 뉴스. 엉터리 가짜 유서까지 퍼뜨리다 그것이 탄로 나자 슬그머니 삭제한, 무책임하고 잔인한 행태의 언론을 보면서 광신도들이 뛰어다니는 사이비종교를 떠올렸다.

뉴스 보는 법을 배워본 적이 없고, 뉴스를 다루는 기술도 배워본 적이 없는 나는 뉴스가 날카로운 칼이 되어 사람을 베고 죽이는 시대에 서 있는 것이 마냥 두렵기만 하다. 싸우는 법도, 싸워본 적도, 그것을 막아줄 방패도 없는데 나는 어찌해야 하는가. 드라마를 보면 돈 있고 권력 있는 사람은 자신에게 불리한 뉴스는 막고, 자신에게 유리하도록 가짜 뉴스도 만들던데…. 나는 그럴 능력도 없거니와 분별할 재간도 없으니 어쩌면 좋은가.

'교실에서 무슨 일이 벌어지건 간에, 보다 더 강력하고 지속적인 교육은 방송 화면과 전파를 통해 이뤄진다.'고 알랭 드 보통이 말했다. 이제 우리는 뉴스를 통해 지속해서 교육받고 있다. 뉴스라는 교사의 방침대로 끌려가고 있다. 뉴스가 그들이 원하는 세상을 만드는 데 나를 동참하게 하고 그들이 원하는 꼭두각시로 만들고 있다. 누가 물어보면 좋겠다, 알려주면 좋겠다. 뉴스가 정한 뚜렷한 우선순위는 무엇이며, 그들이 꿈꾸는 세상은 무엇인지. 뉴스가 우리를 교육할 자격이 있는지.

한 사람의 죽음도 그 무게가 가볍지 않다는 것을, 한 사람이라도 억울한 일을 당해서는 안 된다는 것을 말해주는 언론이 그립다. 폭력에 예민하게 반응하는 마음이 무뎌지지 않도록, 폭력적인 가해자를 잊어서는 안 된다는 것을, 사람이 중요하다는 것을 말해 주는 뉴스를 보고 싶다. 사람이 사람을 생각하고, 더불어 평화롭게 살 수 있는 세상으로 가는 길을 안내 해주는 뉴스가 방송되기를 기도하는 날이다.

알랭 드 보통의 말을 되뇌어 본다. '혁명가들이 그러하듯, 만약 당신이 한 나라의 정신을 변화시키고 싶다면 미술관, 교육부, 또는 유명 소설가들의 집으로 향하지 마라. 정치체의 신경중추인 뉴스 본부로 곧장 탱크를 몰고 가라.'

딸이 전교 일등을 하던 날

오래전, 중학교에 다니는 아이가 전화했습니다. 이번에 전교 일등을 했다고 알려주었습니다. 담담한 목소리였습니다. 잘했다고, 수고했다고 저도 담담하게 말하고 전화를 끊었습니다. 목소리와는 달리 저의 마음은 하늘로 날아갈 듯했습니다. 할 수만 있다면 공중제비를 한 바퀴 돌고 싶었습니다. 자랑하고 싶은데 자랑할 곳이 마땅히 생각나지 않았습니다. 영이 엄마가 생각났지만, 영이가 피아노는 잘 치는데 공부는 잘하는 아이가 아니라 제 자랑질이 얄미워 보일까 봐 그만두었습니다.

기훈이 엄마도 생각났지만 샘 많은 기훈이 엄마는 입을 삐죽일 것 같아 마음을 접었습니다.

친정엄마에게 전화를 걸었습니다. 온전히 내 편이 되어 주는 친정엄마에게는 무슨 말을 하든 안심이 됩니다. 엄마에게 딸이, 당신의 손녀가 전교 일등을 하였다고 하니 친정엄마는 큰 숨을 모았다가 터뜨리며 "아휴 잘했다. 기쁘지?" 하면서 제 마음을 먼저 알아주었습니다. 역시 엄마밖에 없습니다. 친정엄마는 참 좋은 일이라며, 자식이 공부를 잘하면 사는 게 힘들지 않고 어깨가 으쓱해진다며, 참 고마운 일이라고 계속 즐겁게 말했습니다.

말끝에 친정엄마는 "나도 그랬어. 자식 덕분에 엄마도 좋았다. 네가 부모한테 한 만큼 너도 받는 거다."라고 했습니다. 그 말에 피식 웃었습니다. 저도 공부를 조금 잘했습니다. 나의 딸만큼은 아니었지만, 그래도 조그만 우리 동네에서는 항상 일등이었습니다. 엄마는 동네 어디를 가든 내 딸보다 공부 잘하는 이가 없어서 꿀릴 게 하나도 없다고 했습니다. 당시 가세가 왕창 기울어 삶이 힘들었는데도 공부 잘하는 자식 덕분에 어디 가도 기죽지 않고 희망이 있었다고 했습니다.

딸아이의 전교 일등은 충분히 축하할 일이었습니다. 학원에 다니지 않고 예습 복습을 하며 스스로 이루어낸 성과였기 때문입니다. 전교 일등 하기 전에는 내내 이등을 했습니다. 일등은 계속 바뀌었는데 딸의 이등 자리는 변하지 않아 저는 마음이 편치 않았습니다. 일등 하지 않아서가 아니라 이등이란 자리에서 딸이 느낄 한계라 할까 트라우마 같은 것이 생기면 어쩌나 하는 걱정에서였습니다. 그것은 제 경험 때문이었습니다.

저도 한때 줄기차게 이등만 한 적이 있습니다. 밤을 새우고 완벽하게 공부해도 항상 이등이었습니다. 나중에는 일등인 친구를 이기기 위해 공부하는 지경이 되었습니다. 아무리 해도 일등인 아이를 이겨낼 수가 없었습니다. 더구나 그 친구는 중학교 다니는 3년 내내 같은 반이었습니다. 결국 일등 한 번 못 해보고 졸업했습니다.

남자들은 몸이 안 좋거나 삶이 편안하지 않을 때, 입대하는 꿈을 꾸는 경우가 많다고 들었습니다. 제 경우에는 그 친구가 나오는 꿈을 꾸었습니다. 꿈속에서 저는 햇살이 가득 들어오는 밝은 이층집에 있습니다. 사방이 유리창이어서 밖이 다 보이는 거실에 엄마와 단둘이 있습니다. 창밖으로 일등 했던 친구가 지나갑니다. 엄마는 뜨개질하고, 저는 그 옆에서 엎드려 공부하고 있습니다. 엄마가 무슨 공부를 그렇게 열심히 하느냐고 묻습니다. 학력고사 준비를 하고 있다고 저는 대답합니다. 엄마는 “너는 이미 대학을 졸업했는데 왜 학력고사를 준비하니?”라고 묻습니다. 저는 지금 창밖에 일등 했던 친구가 학력고사를 보러 가기 때문에 나도 공부한다고 대답합니다.

항상 꿈은 똑같습니다. 꿈을 꾸고 나면 왜 똑같은 꿈을 계속해서 꿀까 자문하고는, 아마도 그 친구를 한 번도 이기지 못했던 아쉬움 때문이 아닐지 추측했습니다. 그래서였는지 딸이 내내 이등 할 때, 혹시 저처럼 꿈을 꾸게 될까 봐 걱정했던 것입니다. 원래 어리석은 사람은 자기가 경험한 것이 모두에게 적용되는 진리인 줄 압니다. 그런데 이제는 걱정하지 않아도 되었습니다. 저는 그것이 무엇보다 기뻤습니다.

저녁에 딸을 집에서 만났습니다. 전교 일등 했다는 말에 남편도 무척 기뻤는지 “축하한다, 선물이다.” 하며 주머니에서 오백 원짜리 동전 하나를 꺼내어 딸에게 선물로 주었습니다. 딸은 동전을 받고 진심으로 기뻐했습니다. 분명 동전의 가치 때문은 아니었을 것입니다. 아빠의 마음 때문이었겠지요.

늦은 저녁에 딸과 앉아서 수다했습니다. 딸이 일등 한 즐거움을 조금 더 누리며 격려와 고마움을 나누었습니다. 저는 저의 이등에 대한 경험을 이야기하며, 그동안 내심 걱정했다는 말도 전했습니다. 딸은 자기는 일등에 대한 갈망이나 열등감 같은 것이 없다고 했습니다. 남과 비교하기보다는 자신이 이루어낸 성과에 집중하며, 자신이 이룬 작은 것에도 만족하며 스스로 자랑스럽다고 했습니다. 딸의 말이 참 좋았습니다.

딸에게 말했습니다. "네가 이등 할 때는 몰랐는데, 네가 일등 하니까 세상의 성적이 일등과 일등이 아닌 것, 두 가지만 있는 것 같더라. 그 정도로 뭔가 강렬하더라. 그러면서 이런 기쁨은 여러 사람이 공유하면 좋겠다는 생각이 드는 거야. 그래서 말인데, 다음부터는 일등을 안 하면 어떨까? 너는 살면서 '나도 전교 일등 해봤어.'라고 말할 자격은 확보했으니까, 다른 사람도 일등 할 기회를 얻고, 그 애의 엄마도 나처럼 기뻐하는 경험을 하면 좋지 않을까 해서." 딸은 "좋은 생각이네. 알았어요. 그러지요." 하였습니다. 남들이 들으면 모녀가 참 오만방자하다거나 망상가라고 할지도 모르겠습니다. 성적 등수가 마음대로 되는 것은 아니지만 우리는 그날 그렇게 이야기를 나누었답니다.

딸이 일등 했다는 것을 알게 된 순간을 기억하면 좋겠습니다. 그 순간의 기쁨을 타인을 이해하는 경험으로 확장하면 좋겠습니다. 기쁨은 나누면 질투가 되고 슬픔은 나누면 약점이 된다는 세상의 야박한 인심에서, 딸이 누군가가 기쁜 일을 겪으면 축하를 해주고, 슬픔을 나눌 때 위로할 줄 아는 사람으로 살아가기를 바라는 마음입니다. 전교 일등은 이래저래 좋은 것 같습니다.

민이와 영이

민이와 영이는 열 살, 이제 막 초등학교 3학년이 된 여자아이다. 둘은 친하다. 단짝 정도는 아니지만 서로 보면 반기고, 시간이 되면 같이 노는 사이다. 영이 엄마는 직장에 다녀서, 퇴근 시간에 맞추어 영이의 학원 시간을 짰다. 영이가 학원 세 군데를 마치면 영이 엄마의 퇴근 시간과 비슷하다. 영이의 마지막 일정이 나와 함께 하는 것이다. 영이는 공부가 끝나면 엄마에게 전화하고, 영이 엄마가 퇴근하면서 영이를 데려간다. 민이 엄마도 일한다. 영이와 달리 민이는 할머니가 집에 있다. 학원이 일찍 끝나면 영이는 민이 집에 놀러 가곤 한다. 그럴 땐 영이 엄마가 퇴근길에 민이 집에 들러 영이를 데려간다.

오늘은 민이와 영이의 하루 일정이 일찍 끝났다. 공부를 마친 시간이 평소보다 일렀다. 민이가 먼저 마치고 학원 문을 나섰을 때, 바로 이어서 영이가 마쳤다. 영이는 엄마가 오려면 한 시간 반이나 남아 있으니 학원에서 놀아도 되느냐고, 내게 물었다. 그러기에는 아이가 지루할 것 같았다. 마침, 문밖에서 사촌 언니와 이야기하는 민이가 보이기에 문을 열고 말을 건넸다.

"민아, 혹시 여기 끝나고 다른 일정이 있어?"

"아뇨. 오늘은 일찍 끝나서 집에 가서 놀 거예요."

"그럼 혹시, 영이가 엄마 기다리려면 한 시간이 넘게 남아서 그러는데, 오늘 영이랑 같이 놀 수 있어?"

"같이 놀 수는 있는데, 할머니가 애들 집에 많이 데리고 오지 말라고 했어요. 힘드시데요."

"가끔 네가 영이랑 집에 가서 놀았잖아. 그래서 물어보는 건데, 영이 한 명만 데리고 가도 할머니가 싫어하실까?"

"할머니가 영이 데리고 오지 말래요. 반찬을 너무 많이 먹어서 반찬이 다 없어졌대요. 그래서 할머니가 영이 안 왔으면 좋겠다고 했어요."

"아, 지난번에 거기서 밥을 같이 먹었나 보네. 오늘은 영이가 네 집에서 밥을 안 먹고 조금만 놀다가 영이 엄마가 오면 집에 가서 밥 먹을걸."

"밥 안 먹으면 괜찮아요. 저도 영이랑 노는 거 좋아하거든요. 여기서 기다릴까요?"

"그래. 영이 이제 끝났는데, 영이한테도 말해볼게."

민이는 사촌 언니와 이야기하며 영이를 기다렸다.

나는 돌아와 영이에게 말했다.

"영이야. 여기서 기다려도 되는데, 너 심심할까 봐 민이네 집에 가도 되느냐고 물어봤더니 괜찮다고 하네. 어떡할래?"

"좋아요. 엄마한테 전화하면 돼요."

그때 손에 들고 있던 핫도그가 눈에 띄었다. 날도 우중충하고 비까지 내려 기분 전환으로 아이들에게 핫도그를 하나씩 간식으로 주었더랬다. 아이들이 신나게 핫도그를 먹었는데, 영이는 먹지 않았다.

"영이야, 핫도그 싫어하면 먹지 않아도 돼."

"집에 가지고 가면 안 돼요?"

"가지고 가도 돼."

"엄마가 퇴근하면 배가 고프대요. 그래서 엄마랑 나누어 먹으려고요."

"아, 그렇구나. 좋은 생각이네. 그럼, 소스랑 같이 챙겨서 가지고 가."

그렇게 영이는 핫도그를 상자째 손에 들고 있었다. 그런데 핫도그를 그렇게 들고 가면 민이 동생이 먹고 싶어 할 것 같은 생각이 들었다. 동생 것까지 챙겨줄 핫도그가 없었다.

"영이야. 근데 선생님이 걱정되는 게 있어서 그러는데, 민이 집에 가면 민이 동생 선이가 있잖아. 민이는 여기서 핫도그를 먹어서 괜찮은데, 선이는 핫도그를 안 먹었단 말이지. 그래서 네가 이걸 가지고 가면 선이가 먹고 싶어 할 것 같은데 어쩌지? 혹시 민이 집에 가서 선이가 이거 먹고 싶어 하면 나누어 먹을 수 있겠어?"

영이는 가만 생각하더니 말했다.

"이거 엄마랑 먹을 거라서 선이는 못 주겠어요. 이거 가방에 잘 넣어 가면 선이가 못 보니까 괜찮지 않을까요?"

"그래, 그게 좋겠다. 그럼 손에 이렇게 들고 가지 말고 가방에 넣어 가자. 그런데 냄새나는 건 나도 잘 모르겠다. 나머지는 네가 잘 알아서 해."

"네. 가방에 넣어서 지퍼 꼭 닫아 놓으면 돼요."

선이는 가방에 핫도그를 넣고 나갔다. 민이가 기다렸다가 선이와 수다하며 같이 갔다.

민이 할머니는 어쩌면 늦은 저녁상을 차릴지도 모르겠다. 아니면 전보다 반찬을 더 많이 꺼내어 이른 저녁상을 차릴지도. 영이 엄마는 차에 타자마자 영이가 내민 핫도그를 먹을 것이다. 어항 속의 붕어처럼 자기 생각을 거르지도 각색하지도 않고 이야기하는 민이와 영이를 보면서, 어른인 나에게도 투명하게 이야기하던 시절이 있었다는 것을 기억하며 웃었다. 약간 그 시절을 그리워하면서.

마지막 밤에

시계를 보니 2시 반이었다. 안방 문 틈새로 빛이 새어 나왔다. 방문을 여니 엄마가 울면서 아버지의 얼굴을 어루만지고 있었다. "네 아버지 밭은 숨 때문에 어디 잠이 와야 말이지." 하고 애달픈 목소리로 엄마가 말했다. 아버지는 이 세상을 떠나는 채비를 하느라 바쁘게 숨을 몰아쉬고 있었다. 현무암 같은 아버지의 거친 숨소리는 이별이 바로 앞이라는 것을 알려주고 있었다.

아버지의 가늠할 수 없는 그 고통이 내 가슴을 때리고 온몸을 오그라들게 했다. 내가 이런데 엄마는 오죽할까. 엄마의 몸짓과 표정과 말소리에서 엄마의 애간장이 녹아내려 가고, 가슴이 무너지는 것을 알 수 있었다. 엄마는 아버지만큼 고통스러워 보였다. 몇 시간이 될지 모르는데 엄마가 잘 견뎌낼 수 있을지 걱정되었다. 그렇게 엄마를 둘 수가 없어서 엄마에게 말을 걸었다.

"엄마. 아버지한테 서운한 거 다 얘기했어? 이승에서 사람에게 용서받은 것은 저승에서는 죄가 안 된대. 그러니까 엄마가 아버지한테 서운하게 느꼈던 거 있으면 다 말해 봐요. 아버지 천국으로 바로 가시게. 우리 아버지 흉이나 봅시다."

엄마와 나는 아버지 침대 옆 방바닥에 주저앉았다. 엄마는 문득 생각하더니 이야기를 시작했다.

"서운한 거 있지. 언젠가 뒷산 너머 워러지 오이밭에서 오이순을 묶었거든. 해가 꼴딱 넘어가서 어두워졌지 뭐니. 그런데 요기서 조만큼밖에 일이 안 남았어. 내일 또 일하러 오기도 번거롭고 조금만 하면 될 거 같아서 서두는 데, 네 아버지가 깜깜해서 보이지도 않는데 그냥 가지, 하는 거야. 그래서 내가 조금 남았으니 이거 조금만 하고 갑시다, 했지. 서둘러 오이순을 묶는데 조용한 거야. 여보, 재호 아버지 하고 불렀는데 아무 소리가 안 나더라고. 나는 무서워서 여보 하고 다시 불렀는데 아무도 없어. 네 아버지가 그냥 가 버린 거야. 그 밭이 산속에 있으니 얼마나 무섭니. 하던 일을 그냥 내팽개치고 달음질쳐 집에 갔지. 아니, 마누라를 그 밤에 산속에 두고 가는 양반이 어디 있니? 그때를 생각하면 어찌나 화가 나던지. 간다고 말이라도 하던가."

"아버지가 '보이지도 않는데 그냥 가지' 하고 말한 게 간다는 인사였나 보네. 그래도 그렇지. 아버지는 같이 가자고 해야지, 그 밭은 산속에 있어서 무척 무서운데. 아버지, 들으셨어요? 마누라 미안하오 하셔야지. 엄마. 아버지가 미안하대. 엄마, 아버지 용서했어? 또 서운한 거 있어?"

"전에 한 번 아버지가 호떡을 사 들고 온 거야. 웬 호떡이유? 하고 물었더니 어, 먹으려고 하더라고. 그러더니 정말 자기 혼자 다 먹은 거야. 마누라 하나 먹으라고 하면 어디 덧나나. 좀 먹어보라고 그러면 어때. 그걸 혼자서 날름 다 먹니? 가끔 보면 느그 아버지가 나한테는 인정이 없어. 자기는 참으로 막걸리 한 병 사 오면서 내 먹을 사탕은 하나도 안 사 온다. 사탕 하나라도 사 오면 좀 좋아. 어찌나 섭섭하던지, 잊히지 않더라."

엄마는 아버지의 퉁퉁 부은 손을 애처롭게 어루만지면서,

말의 온도는 낮지 않으면서 말투는 쌀쌀하게 말하고 있었다.

"아버지, 들으셨어요? 왜 호떡을 혼자 드셔서 여태까지 엄마를 서운하게 하셨어요. 빨리 사과하세요. 아버지는 겨우 호떡이랑 사탕 때문에 엄마한테 이 시점에 원망을 들어요 그래. 얼른 미안하다고 하세요. 엄마, 아빠가 미안하데. 호떡이랑 사탕 못 사줘서. 그러니 마음 푸셔."

엄마는 눈물이 그렁그렁한 채 웃었다. 아버지의 숨은 더 거칠게 몰아치고 있었다. 종일 물 한 모금 삼키지 못한 입은 말랐고, 눈동자는 초점을 잃었다. 이승에서 저승으로 가는 길이 얼마나 높고 험하면 이렇게도 숨이 가쁘고 힘든 것일까. 젖은 수건으로 아버지의 마른 입술을 적시니 순식간에 말랐다. 바라보는 마음이 어찌나 안타깝고 슬프던지 엄마와 나는 다시 소리 죽여 한참을 울었다. 그리고 다시 수다를 시작했다.

"엄마 또 없어?"

"하나 더 있지. 내가 뱀한테 물렸던 날. 온몸이 퉁퉁 부어서 죽네 마네 하고 있었거든. 근데 저녁에 아버지가 들어왔는데, 밖에서 할머니가 그러는 거야. 어미가 칠칠치 못하게 뱀에게 물렸단다, 내일 할 일이 많은데 어쩌느냐고. 그러니까 네 아버지도 칠칠치 못하게 왜 뱀한테 물렸느냐고 하는 거야. 그러면서 방문도 안 열어 보지 뭐니. 어떻게 마누라가 뱀한테 물렸다는데 걱정도 안 할 수가 있니? 기분이 좋다가도 그때를 생각하면 밥숟가락을 내던지고 싶더라."

이상하지. 엄마는 눈물을 흘리며 처절한 표정으로 아버지를 바라보면서도 말은 투덜대고 있었다. 그때 그런 느낌이 들었다. 엄마는 지금 아버지를 천국에 보내려고 최선을 다하고 있다고. 나는 엄마에게 서운한 거 다 용서했느냐고 물었다. 엄마는 다 용서했다고 했다. 이제 아무것도 원망할 게 없다고. 육십 년 같이 살면서 겨우 서운한 게 호떡이랑 사탕뿐이냐고 했더니, 엄마는 눈물을 흘리면서도 웃었다.

"여보. 일만 한다고 수고 많았어요. 그깟 호떡이랑 사탕이야 내가 사 먹으면 되지. 마음 편히 하고 얼른 가요. 힘들게 오래 있지 말고."

아버지의 거친 숨소리를 들으며 엄마가 말을 이었다.

"나는 네 아버지가 오토바이를 타고 가면 뒷모습이 그렇게 멋있었다. 왜 그 모습이 자랑스러웠는지 몰라. 아버지가 오후에 오토바이 타고 참거리 사러 가면 한참 쳐다보곤 했어."

동이 트고 있었다. 아버지가 누워 있는 안방 유리창에 아버지의 마지막 날이 밝아오고 있었다. 풍경소리 같은 맑은 목소리로 내 이름을 불러주던 아버지의 목소리 대신 거친 숨소리가 아버지의 마른 입술 사이로 쏟아졌다. 여든다섯 해의 생을 한 올 한 올 챙겨 이생에서 저생으로 나르는 것일까, 아버지의 숨소리는 여전히 무겁고 거칠고 힘겨웠다. 얼마 남지 않은 생의 마지막 숨을 겨우겨우 쉬는 아버지. 자식으로서 아버지의 숨 한 자락이라도 편하게 해줄 방법이 없다는 것이 비통했다. 엄마와 나는 아버지 앞에서 차마 소리 내어 울지 못했다. 그저 흘러내리는 눈물을 손바닥으로 훔쳐내고 손수건으로 닦아낼 뿐.

엄마와 나는 아버지와 함께했던 즐거웠던 기억을, 아버지가 좋았던 순간을, 아버지에게 고마웠던 일을 끝나지 않을 것처럼 이야기했다. 웃으면서 가시라고, 감사하고 행복했던 일만 남겼다. 아버지는 그날 깊은 밤에 돌아가셨다.

6부

구름과 구름 사이의 하늘을 보고

3월 16일 유미지

2023년 3월 16일, 달력 날짜 아래에 '유미지(1)'이라고 적혀 있다. 오늘이 세월호 희생자 유미지 학생의 생일이다. 단원고등학교 학생으로 1반이었다. <부모님의 가장 좋은 점만 닮아 태어난 딸, 국제구호 활동 의사를 꿈꾸는 '우리 예쁜이', '미지의 세계'> 이렇게 그에 대한 기록이 한 줄 적혀있다. 많은 사람을 위해 삶을 봉사하겠다던 어린 학생이 속절없이 갔다는 생각에 오늘도 잠시 기도한다.

작년 말 지인이 지나는 내게 툭 안겨준 새해 달력이었다. 내가 좋아하는 파란색과 따뜻한 노란색이 강렬하게 눈에 띄면서 어찌나 예쁘던지 고맙다며 두 개를 덥석 받았다. 집에 와서 살펴보니 '4.16 재단, 엄마의 노란 손수건'에서 기획하여 만든 달력이었다. 4.16 희생자들의 이름이 그들의 생일 날짜에 적혀있으며, 그들에 대한 기억을 한 줄로 적어놓았다.

3월은 1일에는 '<아버지의 휴대전화에 내 심장이라고 저장되어 있는 4대 독자, 작사 작곡을 잘하는 남현철(6반)>, <부르면 언제나 한 번에 네, 엄마 하고 달려오는 착하고 멋진 아들, 피곤한 엄마를 대신해 요리도 하고 자신의 이름을 건 영화나 드라마를 만들고 싶은 최정수(8반)>, 3일에는 <늦은 밤 어머니가 퇴근해서 오시면 꼼꼼하게 안마해 드리는 엄마의 영원한 보디가드, 언제나 가족을 먼저 생각하는 정원석(6반)>, <손재주가 좋고 재봉틀을 잘 다뤄서 자기 옷은 물론이고 친구들 옷도 고쳐주는 금구모 반장 이혜주(10반)>' 등 이렇게 적혀 있다.

부모님을 묻고 돌아온 자식은 밥을 먹거나 술 한 잔에도 부모님과의 추억이 그리움으로 울컥울컥 떠올라 슬프다. 하물며 자식을 바다에 묻고 사는 그 부모들은 오죽할까. 아직도 세월호를 이야기하느냐고 짜증 내는 사람도 있고, 이 정도면 충분하다며 그만하라고 말하는 사람, 이미 지나간 일이니 잊어버리자는 사람도 있다. 자식을 잃은 사람에게 어떻게 그럴 수 있느냐고 말하고 싶지만, 한편으로는 사람이니 그렇게 말할 수도 있다고 생각한다. 우리는 이기적인 인간이고 타인의 일이라면 무관심하기 마련이니까.

농민운동, 독립운동, 6·25전쟁, 민주화운동, 노동운동 등 수많은 사람이 피를 흘리고 목숨을 던져가며 이루어 놓은 것 위에 서 있지 않은 사람이 없다. 하지만 그 현장에 내가 있지 않았으므로, 그것이 내 탓도 아니거니와 그 덕을 직접적으로 본 것도 아니라며, 무심하게 글자로만 기억한다. 역사 속의 사건으로, 타인의 행동으로, 나와는 상관없는 남의 일로 인식하곤 한다. 세월호 참사도 나의 일이라기보다는 공룡 발자국 같은 화석으로 느낄지 모르겠다. 기억도 희미해지고, 공감했던 아픔도 내 피부에 남겨진 상처가 아니기에 금방 색이 바랬으리라.

매일 이 달력을 보면서 나는 타인과 얼마큼 내가 떨어져 있는지 가늠하고, 타인의 아픔이 어떻게 내 안으로 들어올 수 있는지 체험한다. 오늘 유미지의 부모님은 스무 번도 챙겨주지 못한 딸의 생일상을 차리며 갈가리 찢긴 가슴으로 울었으리라. 잠시 그 아픔이 물결처럼 번져오니, 나도 아프다. 어떤 날은 두 명의 아이가 생일이 같고, 어떤 날은 세 명이, 어떤 날은 네 명이 같은 날 태어났다 같은 날 세상을 떠났다. 참으로 기가 막힌 일이다. 타인의 일이라기에는 너무도 가깝게 다가오는 죽은 자의 생일. 그들의 아픔이 점점 생생하게 살아서 내게 온다.

'세월호 참사', '이태원 참사' 이렇게 뭉뚱그려 부르는 것이 얼마나 모질고 잔인한 것인지 생각해 본다. 덩어리로 다룰 때 그것이 사물이 되고, 너의 일이 되고, 아무것도 아닌 것이 되어 먼지같이 가볍게 된다는 것을 발견한다. 나의 것이 되었을 때 라야 오늘이 가고, 한 달이 가고, 일 년, 십 년이 가도 생생할 수 있다는 것이 체험으로 남는 하루하루.

나는 '부모님의 가장 좋은 점만 닮아 태어난 예쁜 딸 유미지'를 상상한다. 국제 구호 활동 의사를 꿈꿨으니, 다른 사람을 돌보는 따뜻한 마음을 지녔을 것이고, 가난한 나라에 관심이 많았으리라. 공부도 열심히 했을 것이고, 좋은 사람이 되고자 날마다 노력했으리라. 그 아이에 대한 개인적인 이야기를 읽으니, 비로소 엘리베이터에서 만나 인사를 나누고 먹을 것도 나누던 옆집 아이같이, 명절이면 만나곤 하던 조카같이 가까운 사람으로 느껴진다.

지인에게도 같은 달력 하나를 주었더랬다. 그녀가 그랬다. 매일 우울할 것 같아 가지고 있지 못하겠다고. 그러면서 돌려

주었다. 다른 이에게 건네주니 매일 보면 슬플 것 같고 마음이 힘들 것 같다며 역시나 돌려주었다. 지인은 세월호가 주는 기억의 무게를 감당할 자신이 없었던 것 같다. 결국 두 개의 달력은 나에게서 벗어나지 못한 채, 하나는 여기에 하나는 저기에 있다.

처음엔 나도 마냥 슬프고, 화나고, 답답해서, 세상이 뭐 이렇게 엉망이냐며 원망이 일었다. 그런데 매일 한 줄로 쓰여 있는 아이에 대한 부모의 기억을 읽고, 그들의 생일을 기리고, 그들을 위해 기도하며, 나는 처음 경험하는 어떤 것이 가슴 속에서 피어나는 것을 느꼈다. 그것은 슬픔보다 더 깊고, 분노보다 더 짙은, 함께 더불어 있다는 안도감이었다. 우리가 하나라는 안도감, 슬프면 슬픈 대로, 기쁘면 기쁜 대로, 함께하는 사람이 어딘가에 있다는 위로와 든든함이었다.

달력에 많은 아이의 이름이 적혀있다. 그들에게 해줄 것이 아무것도 없다. 기억하는 것과 기도밖에. 그들은 먼 타인이 아니라 가까운 이웃이 되어 매일 또는 하루걸러 내게 말을 건넨다. 나는 고요하게 듣기만 한다. 그들은 전에는 경험해 보지 못한 것을 조용한 침묵으로 내게 전한다. 더 큰 세상을, 더 큰 마음을, 파도를 넘는 더 높은 마음을, 그리고 손잡은 따뜻한 사람의 온도를.

F15 G17

"몇 시라고 했지?"

크리스마스 아침에 남편과 나는 아바타2를 보러 가기로 했었다. 나는 외출하기 전에 확인차 남편에게 영화 시간을 물었다.

"아홉 시 반인데 다시 확인해 줄게. 어! 왜 예매가 안 되어 있지? 분명히 했는데."

남편이 당황하더니 난감한 듯 말했다. 분명 사흘 전에 내 앞에서 남편이 영화를 예매했었다. 그런데 결재가 안 되었나 보다. 아바타 보는 것을 기대하고 있었고, 영화를 보고 난 후의 일정도 계획했었는데, 설렜던 만큼 실망이 이는가 싶더니 화라락 화가 올라왔다.

뭐라고 한마디 하고 싶은데 분명 비난의 말일 것이어서 차라리 입을 꾹 다물고 올라온 화가 내려가기를 기다렸다. 한숨이 커다란 솜뭉치처럼 푹 나왔다. 남편은 옆에서 계속 왜 이렇게 되었는지 모르겠다고 중얼대며 휴대전화 여기저기를 살펴보았다. 그럼 뭐하나, 예매도 안 되었고, 좌석은 모두 매진이고, 둘이 같이 보려면 다음 주말이나 되어야 할 텐데.

남편이 미안했던지 뭐라고 계속 혼잣말을 했다. 이쯤에서 남편을 미안함에서 해방해 줘야 할 것 같아 말을 건넸다. "할 수 없지. 다음에 보자." 여전히 남편은 말이 없었다. 얼굴을 보니 풀 죽은 것 같기도 하고 삐쳐서 항의하는 것 같기도 한 표정으로 단단하게 굳었다. 어쩌다 실수해도 그럴 수 있다며, 항상 당당했던 사람이다. 그런데 그 얼굴을 보니 이번에는 심상치 않아 보였다. 영화 그까짓 게 뭐라고 남편을 저리 만드나 싶어 얼굴을 마주하고 물었다.

"왜, 내가 한숨 쉬어서 그래? 삐졌어?"

남편의 굳은 표정은 변화가 없었다. 마음이 풀리지 않았나 보다. 왜 그러느냐고 재차 묻자, 투정하듯 말했다.

"내가 한물간 것 같아서 그렇다. 뭘 해도 야무지지 못해서 왜 이렇게 되었나 하는 생각이 들어서 그렇다. 이젠 예약 같은 거도 안 하고 뭐 보러 가자고도 안 할 거다."

순간 웃음이 나왔다. 한물간 거 같아서 그렇다기보다는 한숨 쉰 내가 못마땅한 것이 분명해 보였다. 나는 깔깔깔 웃었다. 남편이 투정하는 아이 같아 귀여웠다. 나는 남편의 얼굴을 쓰다듬으면서 마음을 풀라고 했다. 이제부터는 내가 예매할 테니 앞으로는 나를 원망하라며. 그러고 나서 한마디 덧붙였다. "뭘 새삼스레 그래. 이런 게 어디 한두 번이야. 그래도 FG보다는 낫구먼."

지난여름이었다. 그날도 영화를 보러 갔었다. 극장에 들어가서 자리에 앉으려고 출력한 영화 좌석표를 보는데, 어둡기도 하고 노안으로 글자가 보이지 않았다.

"F15 맞지? 그럼 이건 16인가?"

둘이 표를 보고 끙끙대니 통로 바로 옆에 앉아 있던 청년이 "제가 봐 드릴까요?" 하면서 손을 내밀었다. "아, 그래 줄래요. 고맙습니다." 하며 남편이 좌석표를 청년에게 건넸다.

"이건 15번인데, 이건 17번입니다."

청년이 표를 어슷하게 우리 쪽으로 보여주며 말했다. 15,

17? 15와 16이 아니라 15, 17이라는 말에 어이가 없었다. 청년의 말에 남편이 "아이고, 내가 번호를 잘못 눌렀나 보다." 하며 웃었다. 그러자 청년이 다시 말했다.

"그런데요. 하나는 F15이고, 하나는 G17인데요."

번호도 나란히 있는 게 아닌 데다가 줄도 다르다고? 무슨 이런 일이 있나, 이렇게 하기도 쉽지 않을 텐데 어떻게 한 거지? 나는 남편에게 "내가 그렇게 싫었어?" 하고는 소리 내어 웃었다. 남편은 어쩔 줄 몰라 하면서도, 자기가 생각해도 웃겼는지 허허허 웃었다. 우리는 예약한 자리를 포기하고 가장자리의 빈자리에 나란히 앉아 영화를 보았다. 영화를 보다가도 예매한 좌석이 황당해서 피식피식 웃었다.

그날 이후 남편이 실수하면 나는 "괜찮아, FG보다 낫네."라고 했다. 그러면 남편도 웃었다. 그런데 이번에는 남편이 웃지 않아 내가 슬쩍 남편 눈치를 보았다. 마침, 그때 막냇동생이 전화를 걸어 뭐 하느냐고 물었다. 내가 주말 드라마를 기다린다고 했더니, 동생도 그것을 즐겨본다면서 오늘은 그 드라마가 결방이라고 했다. 내가 무슨 소리냐며 예약까지 해 놓았다고 했더니 "여보, 오늘 그거 한다고 하는데." 하며 동생이 제부에게 큰 소리로 말하는 것이 전화로 들렸다. 그러더니 둘이 뭐라고 옥신각신하였다. 들어보니, 동생이 그 드라마를 좋아해서 제부가 방송 시간을 알아보았나 보다. 알아보니 방송사 사정으로 결방이라며 제부가 동생에게 말했고, 동생은 그 드라마를 포기하고 있던 차였다. 도대체 무얼 알아본 건지 모르겠다며 동생이 투덜댔다.

"언니, 저이가 맹꽁이가 다 되었어. 맨날 실수투성이야."

동생이 재미있다는 듯 제부의 실수담을 이야기하며 흉을 보기에, 나도 방금 영화 예매가 안 되었다는 남편의 실수담을 전했다. 전화를 끊고 남편에게 한참 어린 제부도 맹꽁이가 되었다고 하더라며, 당신이 그런 것은 자연스러운 일이라고 말해주었다. 이어서 한숨 쉬어서 미안하다고, 인제 그만 화를 풀라면서 남편을 달랬다.

문득 지난번 아주버니 댁에서 나눈 대화가 생각났다. 남편의 둘째 형 집에 들러 하룻밤 묵던 날, 아주버니에게 물었다.

"아주버니. 이 양반이 생전 안 그랬는데 요즘엔 삐지기도 하고 우기는 것도 늘어요. 왜 그래요?"

그러자 옆에 있던 형님과 조카가 "물을 사람한테 물어야지." 하고 동시에 말했다. 그 의미를 알아채고 세 여자가 함께 웃었다. 아주버니도 피식 웃으며 "제수씨요, 힘없어서 그래요. 남자가 늙으면 힘없고 초라해지니 고집만 세지는 거요. 불쌍한 거니 잘 봐주소."라고 말했다. 사는 게 다 그런가 보다. 당분간 남편을 달래줘야겠다. 어쩌면 계속 그래야 할지도 모르겠다.

추석 풍경

추석이다. 일 년 중 가장 신나는 날이다. 추석 전부터 집마다 활기가 넘친다. 우리 집도 그렇다. 뒤뜰에 있는 대추나무와 밤나무에 온 동네 사람이 모인다. 장대로 대추나무 가지를 때린다. 후드득 떨어지는 대추를 우리 집 사람만 아니라 온 동네 사람이 줍는다. 밤나무에 달린 밤송이도 때린다. 알밤도 떨어지고 밤송이도 떨어진다. 대추와 밤송이가 머리에 떨어지기도 한다. 한 사람은 아프지만 나머지 사람은 웃는다. 즐겁다. 비켜, 따닥, 후드득 하는 소리와 '와'하는 함성으로 사람들이 흩어졌다 모여들기를 반복한다.

추석에는 집마다 외지에서 손님이 오는 것이 자랑거리가 된다. 특히 서울에서 얼굴이 하얗고 말끔한 친척이 오면, 얼굴 까만 동네 아이들이 호기심으로 그 뒤를 따른다. 그들의 손에 어떤 선물이 들렸나 하는 것도 화젯거리다. 서울서 오는 손님에 따라 동네 아이들 사이에서 인기 서열이 매겨진다. 받은 선물에 대해서도 자랑을 넘어 공개할 의무를 지닌다. 선물은 자부심이요 수다의 장에서 주도권을 쥘 수 있는 밑천이 된다.

우리 큰집은 서울이다. 아버지는 막내지만 부모님을 모시고 농사를 짓는다. 어른이 계시므로 명절이면 일가친척이 우리 집에 모인다. 추석이면 하얀 얼굴과 빛나는 이마의 큰아버지가 나타난다. 그 뒤에 얼굴이 하얗고 잘생긴 두 명의 사촌 오빠와 한 명의 사촌 언니가 따라온다. 동네 아이들과 놀던 나는 노는 것을 멈춘다. 아이들에게는 의기양양하게 등을 돌리고, 큰아버지한테는 수줍어하며 인사한다. 그들의 손에 들려있는 화려한 포장의 물건들에 아이들의 눈길이 모여든다. 나는 그 순간 어깨가 으쓱해진다.

무엇보다 좋은 것은 사촌 언니의 선물이다. 한국은행에 다니는 언니는 추석이면 신권을 용돈으로 준다. 시골에서는 구

경도 할 수 없는, 손이 베일 듯 날 선 지폐를 받아 들면 어떤 신비로움에 사로잡힌다. 구겨지고 닳고 낡은 지폐보다 신권이 열 배는 더 값져 보인다. 천 원짜리로 만 원짜리 물건을 살 수 있을 것 같다. 나는 책갈피에 꽂아 행여 귀퉁이라도 접힐까 조심하며 간직한다. 언니의 다른 선물은 시골에서는 볼 수 없는 샤브레 쿠키다. 새우깡, 감자깡, 라면땅 같은 것이 전부인 시골에서 샤브레 쿠키는 그야말로 호화로운 과자다. 종합 선물 세트까지 옆에 있으니 선물 자랑에서 당연히 나는 갑이다.

추석 즈음, 우리 동네 가게는 특별해진다. 평소에는 먼지 쌓인 과자들과 막걸리를 마시는 아저씨들이 우중충하게 들어있다. 명절을 앞두고 가게는 안팎으로 화려해진다. 안에는 과자가 풍성하게 쌓인다. 밖에는 풍선 뽑기나 장난감 뽑기, 다양한 장난감이 진열된다. 사내아이들은 칼과 총, 딱지 같은 것에 눈도장을 찍어 둔다. 용돈이 생기기 전이니, 친구들에게 말로써 '내가 살 거다.' 하며 선점한다. 심지어 가게 주인한테 자기가 찜해놨으니 다른 아이에겐 팔지 말라고 예약까지 한다. 물론 무의미하다. 여자아이들은 종이 인형 옷 입히기, 소꿉놀이, 머리 방울 같은 것을 마음속으로 정해놓는다. 행여 그것이 팔렸는지 매일 지나면서 슬쩍 확인한다.

추석이 좋은 이유 중 하나는 나의 존재감이 돋보여서다. 나는 송편을 잘 빚는다. 처음 송편을 빚을 때는 그다지 주목을 받지 못했다. 나이도 어리거니와 빚은 송편이 만두와 비슷해서 어른들은 그저 어린아이의 솜씨라는 데에 눈높이를 맞춘 칭찬을 해주었다. 하지만 '송편은 자연스러운 손자국이 나야 예쁜 거야.'라는 어머니의 가르침 이후, 나는 마치 도를 깨친 사람처럼 송편 빚기에 두각을 나타내기 시작했다.

떡살을 조금 떼어내어 꼭꼭 힘주어 주무른다. 두 손바닥 사이에 떡살을 넣고 살살 동글하게 굴린다. 처음에는 동그란 떡을 한 알씩 만들었지만, 곧 두 개를 동시에 굴리는 신공을 보인다. 어른들은 나의 손놀림에 칭찬을 아끼지 않는다. 동그란 떡살 가운데를 눌러 구멍을 파고 고물을 넣는다. '만두는 속맛이고 송편은 살맛'이라는 어머니의 가르침에 따라 떡살을 도톰하게 한다. 그 안에 설탕 섞은 참깨나 팥그물, 콩들을 넣어 아무린다. 손가락으로 눌러 손자국을 남긴다. 동네 아주머니들은 감탄한다. "어머나, 재숙이는 예쁜 딸을 낳겠구나. 참 예쁘게도 빚네." 하는 동네 아주머니의 쏟아지는 칭찬에, 나는 자부심을 들킬까 싶어 애써 고개를 숙이고 활짝 웃는다.

여기서 끝이 아니다. 나는 송편을 예쁘게 빚을 뿐만 아니라

속도가 빠르다. 어른들이 송편 두 개를 빚을 동안 나는 서너 개를 빚는다. 나의 송편 빚는 솜씨는 해가 바뀌면서 소문이 난다. 우리 집 송편 빚기가 끝나면 옆집에 스카우트되어 간다. 그 와중에 다른 집에서 나를 예약한다. 그다음 해에는 미리 여기저기서 예약한다. 빡빡한 스케줄이 생긴다. 답례로 용돈을 받기도 하고 선물을 받기도 한다. 그것이 중요하지 않다. 언제 내가 이렇게 핵심 인물이 되어보겠는가! 일 년 중 동네 어른들로부터 가장 많은 관심과 사랑과 지지를 받는 날이니, 나는 추석이 즐겁다.

곧 추석이다. 대나무로 후려치던 대추나무와 밤나무는 사라졌다. 얼굴 하얀 손님도 없다. 구멍가게는 사라진 지 오래다. 아무도 송편을 빚자며 나를 부르지도 않는다.

지나간 것은 원래 그리운 법이다. 그리운 것은 잔소리처럼 반복된다. 이번 추석에도 우리 아이들은 엄마의 추억을 잔소리처럼 들을 게다. 나는 말하는 내내 즐거울 것이고, 아이들은 친절하게 웃을 것이다. 여전히 추석은 즐겁다.

말에도 유통기한이 있을까

지인이 술 한잔하자며 청해왔다. 맥주잔을 앞에 놓고, 그녀가 친정에 다녀온 이야기를 시작했다. 그녀는 가정형편으로 일찍이 회사에 다니며 가족의 생계에 보탬이 되었고, 결혼 후에는 두 남매를 키우면서도 학사학위를 취득하여 전문가로서 만족스러운 일상을 보내고 있다고 했다. 그녀가 친정에 가면 그녀의 아버지가 늘 말했단다. "내가 그때 어떻게든 너를 공부시켰더라면 지금보다 더 잘 살 수 있을 텐데. 미안하다."라고. 그럴 때마다 지인은 아버지의 사랑이 느껴져 따뜻했다고 했다.

말에도 유통기한이 있는 것일까? 전에는 위로이자 격려가 되었던 아버지의 그 말이 유통기한이 지난 것처럼 짜증스럽더니 급기야 상처가 되어 그녀를 아프게 했다. 좋은 이야기도 반복되면 잔소리라고, 아마도 무한반복 되는 아버지의 말이 지겨워졌나 보다고 여겼단다. 그날따라 유달리 그 말이 듣기 싫었던 지인은 아버지에게 싫은 소리를 했다고, 그것이 마음에 걸려 편하지 않다며 내게 넋두리했다. 그러다 맥주잔을 '탁' 놓고 울기 시작했다.

"아버지는 고생시켜서 미안하다고 말은 하지만 내가 사는 모습이 마음에 안 드나 봐요. 정서방, 정서방 하면서 허허 웃지만 내 신랑도 성에 차지 않고요. 내가 대학을 졸업했다면 더 좋은 신랑을 만났을 거고, 지금보다 더 잘 살 거로 생각하는 거잖아요. 난 남편도 좋고, 애들도 예쁘고, 내가 하는 일도 좋은데…. 나 열심히 살았거든요. 그런데 아버지가 그것밖에 안 되느냐고 타박하는 거 같아요. 자꾸만 나를 기죽여요. 근데 아버지가 자책하는 것처럼 미안하다고 말하니까 듣기 싫다고 대놓고 말도 못 하겠어요. 나 걱정해서 하는 소린 줄 알겠는데 비난처럼 들려요. 이러는 내가 자격지심인가 싶고, 못 됐나 싶어서 속상해요."

울음 사이에 말을 던지는 그녀는 화난 듯하였고 서운한 듯하였으며 슬퍼 보였다. 그녀가 하는 말을 듣고 나는 뭐라 해 줄 말이 생각나지 않아 조용히 맥주만 마셨다. 그때 나도 친정엄마의 말을 떠올렸다.

"미안하다. 엄마 때문에 고생만 하고."

엄마는 자주 이렇게 말했다. 눈물까지 글썽이며…. 엄마는 집안이 궁핍했을 때 내가 겪었던 고생이 잊히지 않아, 생각날 때마다 심정을 표현하는 것 같았다. 전에는 엄마의 그 말을 들으면, 내가 생각한 것보다 고생을 많이 했나보다고 여겼다. 그러면서 어렵던 그 시절을 반짝이는 별이 되도록 잘 살아온 내가 자랑스러웠다. 그런데 언제부턴가 '고생시켜서 미안하다'는 엄마의 말이 내 삶의 별빛을 사위고, 자부심을 덮는 것 같아 마음이 불편해졌다.

엄마의 말이 다르게 느껴졌다. 가끔 그 말이 아프기까지 했다. 고생한 시절이 서러워서도 아니고, 자식에 대한 엄마의 사랑에 가슴이 저려서도 아니었다. 이상하게 엄마의 말끝에 회초리 하나가 있어서 나를 찰싹 때리는 것 같았다. 시간이 갈수록 줄어들지 않는 엄마의 미안하다는 말이 등짝을 후려쳤다. '아버지가 자꾸만 나를 기죽여요.' 하던 지인의 말을 들었을 때,

그제야 내가 그동안 엄마의 말을 왜 불편하게 느꼈는지 깨달았다.

'내가 좀 더 아이한테 신경 쓰고 더 잘 해줬다면 아이가 지금보다 더 잘 살지 않을까?' 하는 부모의 질문은 슬프다. '내가 좀 더 했더라면' 하는 말로 '내 자식이 좀 더 잘했더라면'이라고 비난하는 것 같아 서글프다. 부모의 미안함이 자식의 부족함에 대한 원망이며, 부모가 바라는 자식의 모습에 대한 미련일까 봐 아프다. 나는 엄마의 미안함이 나의 부족함이라고 언제부턴가 느꼈던 것 같았다.

아무래도 엄마와 긴 이야기를 해야 할 것 같다. 우선 엄마에게 고맙다고 인사를 해야겠다. 그때 그 상황에서 엄마로서 최선을 다했다는 것을 내가 알고 있으므로, 미안해할 것이 티끌만큼도 없다고 말하리라. 그러니 그런 마음의 짐이 있거든 당장 창밖으로 던져버리라고 재촉하리라. 혹여 엄마 생각에 남은 삶 동안 내게 미안한 일을 하게 되더라도, 엄마는 아무것도 미안해할 필요가 없다는 것도 알려야겠다. 그러면서 미안하다는 말을 이젠 하지 않으면 좋겠다고 명확하게 요청해야겠다.

어쩌면 엄마의 말이 아픈 것은 엄마의 기대만큼 내가 살아내지 못했다는 내 자격지심일 수도 있다. 어찌 살라고 엄마가 내게 바라는 것은 없었지만, 살아오면서 엄마의 기대에 미치지 못해 엄마의 마음을 아프게 했던 일들이 얼마나 많았을까. 아주 서운하고 안타까웠겠다면서, 미안하다며 엄마의 마음을 어루만져야겠다. 그리고 내게도 말해주리라. 엄마의 마음은 엄마의 것이고, 엄마의 바람이 네 삶의 기준은 아니니, 너까지 안타까워할 필요는 없다고. 너는 너답게 잘 살아왔으니, 더 이상 엄마의 말을 회초리 삼아 아파하지 말라고. 나머지는 그때 가서 다시 생각해야겠다.

들리는가, 부산 갈매기!

'부산 갈매기 떼창 타임'이란 글자가 전광판에 떴다. 사람들은 모두 함성을 지르며 자리에서 일어나 전주곡부터 '빠빠라 빠라바' 하며 부르기 시작했다.

지금은 그 어디서 최~강 롯데 ! / 내 생각 잊었는가 최~강 롯데 !
꽃처럼 어여쁜 그 이름은 고왔던 순이 순이야

사직야구장에 울리는 '부산 갈매기'에 목이 메었다. 이게 뭐라고 목까지 메고 코까지 시큰하며 눈가에 이슬이 맺히는지. 음악이 사직야구장에 울리는 동안 사람들은 한마음이었다. 1절이 끝나고 곧 음악은 꺼졌지만, 사람들의 노랫소리는 계속 이어져 사직야구장을 가득 채웠다.

파도치는 부둣가에 지나간 일들이 가슴에 남았는데
부산 갈매기 부산 갈매기 너는 정녕 나를 잊었나

-「부산 갈매기」 문성재 노래. 김중순 작사 및 작곡 -

저작권 문제로 2018년 이후 '부산 갈매기'를 야구장에서 부를 수 없었다. 홍길동이 호형호제를 못 하는 마음이 이랬을까. 마침내 문제가 해결되어 '부산 갈매기'가 오 년 만에 사직야구장에 돌아왔다. 부산 사람은 DNA에 부산갈매기 음표를 새기고, 사직야구장에서 응원으로 풀어내는가 보다. 사람들은 눈물을 흘리며 부산 갈매기를 불러댔다.

결혼하고 부산에 왔다. 그동안 부산말을 못 알아들어 자주 맹한 사람이 되었고, 사람들 속에서 생각과 행동이 미묘하게 달라 섬 같이 외로웠다. 내가 느낀 것을 저들도 같이 느끼는지 자주 의심했다. 그런 시간이 십 년쯤 지난 어느 날, 남편이 나를 사직야구장에 데려갔다.

남편이 야구장에 가자고 했을 때 나는 마음이 썩 내키지 않았다. 나는 야구를 싫어했었다. 공 하나 던지고 한참 있다가 다시 공 하나 던지는 것이 무슨 재미가 있단 말인가. 지루하고 따분해 보였다. 사직야구장은 이런 내 생각을 완전히 뒤집어 놓았다. 그곳은 내가 경험해 본 적 없는 새로운 세계였다. 야구 때문이 아니었다. 사람 때문이었다.

주황색 비닐봉지에 바람을 넣어 머리에 묶고, 신문을 찢어 응원 도구를 만들어 흔들며, '마! 마! 마!'를 소리치고, 앞뒤로 몸을 흔들며 구호를 제창齊唱하는 사람들. 관중석에 떨어진 공을 아이에게 주라며 '아주라'(아이에게 공을 주라)를 외치던 인심 좋은 목소리들. 영원히 끝나지 않을 것 같이 하나로 질러대던 그 뜨거운 응원의 함성은 부산 사람이 주는 황홀감이었다. 아, 이게 그 유명한 부산의 응원이구나. 그들이 응원으로 드러내는 열정과 '우리가 남이가' 하는 마음으로 보여주는 일체감은 빠져들 수밖에 없는 환상의 마법이었다.

부산 사람이 된다는 것은 부산 사람의 분위기를 자연스럽게 받아들이고, 그들이 좋아하는 것을 나도 좋아하며, 딱 꼬집어 '이거야'라고 할 수는 없지만 '아, 그거!' 하고 알아채는 것이다. 그들과 함께하는 것만으로도 가슴 저 밑바닥에서 정겨움과 자랑스러움이 물안개처럼 피어오르는 것이다. 사직야구장에 가서야 부산 사람을 확연히 느꼈다. 아, 부산 사람은 이렇구나. 그리고 알았다. 비로소 내가 부산 사람이 되었다는 것을.

나만 그런 것은 아니었다. 동생네가 부산에 잠깐 산 적이 있었다. 우리는 야구를 보러 갔고, 함성을 지르고 노래를 불렀다. 부산에서 태어나지 않았고, 지금은 부산에 살지도 않지만, 그때 그 어린 조카들은 청년이 된 지금도 부산의 응원가를 부르며 부산을 그리워한다. 마치 부산이 고향인 것처럼. 주황색 비닐봉지를 쓰고 '부산 갈매기'를 불렀다면 이미 부산 사람인 것을 어쩌랴.

응원가의 수가 많으니, 모든 응원가를 부르기란 쉽지 않으리라. 하지만 그 노래는 모두 알았다. 치킨을 뜯다가도, 이야기하다가도, 화장실에서 돌아오다가도, 그 노래가 흘러나오면 최면에 걸린 듯 같이 불렀다, '부산 갈매기'를. 여자든 남자든, 나이가 많든 적든, 사는 곳이 어디든 상관없이 '부산 갈매기'는 응원 온 사람들을 하나로 묶었고, 그들이 부산 사람이라는 것을 느끼게 했다. 그 노래를 부를 땐 내가 갈매기가 되고 네가 순이가 되었다.

술 담배는 끊어도 야구는 못 끊는다는 부산의 자이언츠 팬. 그들은 경기 성적이 저조해도 한결같이 '승리를 (오!) 외치자 (오!) 최강 롯데 자이언츠 오오 오오 오오오' 하고 응원가를 부르며 함께 점프해 왔다. 부산이 아닌 지역에서 야구 경기가 끝난 뒤에도 길거리에서 응원하는 그들을 동영상으로 본 적이 있었다. 동영상에서, 경기가 끝난 후 사람들이 경기장을 나오는데 누군가 '부산 갈매기'를 부르기 시작했다. 그러자 사람들이 하나둘 따라 부르면서 모이기 시작하는데, 그 무리가 장마에 강물이 불 듯 부풀었다.

생면부지의 그들은 함께 어깨동무하고 손을 흔들며 응원가를 불렀다. 그곳이 사직야구장이고 부산이었다. 동영상의 댓글에는 부산 팬들이 부럽다는 말이 포도송이처럼 주렁주렁 끝없이 달렸다. 물질이 풍요로운 이 시대에 사람들이 불행한 것은 공동체에서 멀어졌기 때문이라고 한다. 사람은 마음과 마음이 만나 하나가 되었을 때 행복하다. 그들은 부산 사람의 응원에서 함께하는 행복을 보았는지도 모르겠다. 우리가 남이가 하는 말이 저절로 떠오르고, 내가 부산 사람인 것이 자랑스러워지는 순간이었다.

요즘 롯데가 1. 2위를 하고 있다. 그 어느 때보다 사직야구장은 뜨겁고 응원가는 우렁차다. 올해에는 포스트시즌에 진출하여 우승 트로피를 든 선수단을 보고 싶다. 그들과 함께, 온 피를 데우고 울대를 울리며 목소리를 높여 '부산 갈매기'를 부르고 싶다. 팔을 흔들며, 눈물을 흘리며. '부산 갈~매기, 부산 갈~매기'. 들리는가, 저 응원가!

넓다

침대 모서리에 누워있던 고양이 도도가 기지개를 켜더니 침대 아래로 풀쩍 내려간다. 그러고는 침대 옆 방바닥에 피식 쓰러지듯 눕는다. 나도 침대에서 내려와 도도 옆에서 도도처럼 눕는다. 도도가 동그랗게 눈을 뜨고 나를 쳐다보더니 목을 위로 젖힌다. 도도의 턱 아래를 쓰다듬다가 나도 도도처럼 고개를 뒤로 젖혀 본다. 배를 드러내고 네 다리를 들고 누워있는 도도의 잔잔한 평화로움이 마음에 들어 나도 그렇게 해 본다.

방바닥에 누우니 천정이 마냥 넓어 보인다. 문득 넓은 공간을 좁게 살고 있는 것은 아닌가 하는 의문이 든다. 안방은 침대를 놓고도 공간이 꽤 넓다. 안방에서 눕는 자리는 침대뿐이다. 침대 외에는 눕거나 앉는 일이 아예 없다. 거실은 안방보다 훨씬 더 넓다. 사람이 두 명이나 누워도 될 만큼 커다란 텔레비전이 놓여 있고, ㄱ자 모양의 소파가 놓여 있으며, 러닝머신, 고양이의 집과 화장실, 캣타워 등이 자리하고 있다. 구석에 화분도 있다. 많은 것이 곳곳을 차지하고 있음에도 넓은 공간이 남아 있다.

작은 방은 작은 방대로, 주방은 주방대로 가구가 놓여있다. 집은 넓지만 내가 차지하는 공간은 기껏 엉덩이 붙이는 의자와 소파, 누워 있는 침대뿐, 나머지는 가구의 공간이다. 내가 사는 집인지 가구가 사는 집인지 갑자기 헷갈린다. 게다가 밖에 있는 것들을 굳이 집안으로 들여오느라 베란다도 좁다. 정원을 가져다 놓고, 연못도 만들고, 밭도 들여다 놓으려 한다. 세상을 집 안에 담으려니 집이 얼마나 좁을까.

어릴 적에는 한 방에서 다섯 식구가 지냈다. 방 한쪽에서는 아버지가 담배를 피우며 텔레비전을 보고, 어머니는 창 아래에서 바느질하거나 재봉틀을 돌렸다. 장롱 앞에서는 동생들이 소꿉장난과 인형 놀이를 하였으며, 윗목 앉은뱅이책상 앞에서 나는 책을 읽고 공부하였다. 아랫목 한쪽 구석에는 메주나 청국장이, 콩나물시루가 자리를 차지하고 있었다.

겨울에는 아랫목에 온 가족이 다닥다닥 붙어 앉아 고구마를 먹었다. 주거니 받거니, 실뜨기하며 옹기종기 모여 있었다. 온 가족이 담요 하나를 덮고 수다하고, 허벅지를 베고 눕거나 팔베개를 내주며 가까웠다. 네모난 방은 넓었고, 요모조모 꽉 찬 알밤같이 쓸모가 있었다. 네모난 방이 싫증 나면, 장롱문을 열고 들어가 이불 위에 앉아 놀았으니, 공간이란 공간은 한 뼘도 죽은 것 없이 살아있었다. 좁은 줄 몰랐고 부족한 줄 몰랐다.

제주도 여행 중에 서귀포에 있는 이중섭미술관에 갔었다. 그의 작품을 감상하기 전에 미술관 옆에 있는 이중섭 화가가 살던 집에 들렀다. 두 아들과 살았다는 오래된 집은 작았다. 성인 남자 하나와 아이 둘이 누우려면 살과 살을 촘촘하게 맞대야 하는 좁고 약간 기다란 방이었다.

그 곳을 잠시 들여다보며 이중섭 화가가 방 한쪽에 앉아 있고, 두 아이가 다른 쪽에 앉아 장난질하는 모습을 상상했다. 숨소리의 높낮이조차 모른 척할 수 없는 작은 공간, 손 뻗으면 언제든지 사람이 닿을 수 있는 거리였다. 그들은 답답했을까? 물었다가 나는 '아니다'로 답했다. 사랑한다면 사람을 뺀 공간은 넓디넓은 우주일 뿐이니.

결혼하고 단칸방에서 산 적이 있다. 너른 방에 장롱을 넣고 쌀통과 텔레비전도 넣었다. 방 한 면을 비우고 세 면을 세간살이로 채우고 어린아이와 함께 네 식구가 지냈다. 밤에 이불을 펴고 누우면 너른 침실이었고, 아침에 이불을 개어 장롱에 넣으면 다시 넓은 놀이 공간이었다. 그 방에서 아이들과 숨바꼭질하고 말타기를 하고 줄넘기도 했다. 여기저기 굴러다니고, 그림도 그리고, 기찻길도 만들며 네모진 방안을 도화지 삼아 다채로운 일상을 그렸다가 지웠다. 어린아이들 눈에는 그 방이 만장같이 넓었으리라.

안방 방바닥에 도도와 누워 이리저리 뒹굴며 이 방바닥을 그동안 잊었다는 것을 깨닫는다. 걷다가 아무 데나 픽 쓰러지듯 누워 잠을 자는 도도에겐 소파든 침대든 바닥이든 이 공간이 모두 자기의 것이리라. 나는 그동안 침대와 소파에만 엉덩이와 등을 붙이며 공간을 낭비하고 있었다는 생각이 든다. 끝없이 채우며 집이 좁다고 투덜대던 생각의 틀을 부수는 아침. 도도와 방바닥에 이리 눕고 저리 눕고 뒹굴뒹굴하며 생각한다. 집이, 공간이 너무 넓다고.

그냥 저냥

전화벨이 울렸다. 시계를 보니 새벽 두 시 십 분이 지나고 있었다. 잠결에 받은 전화기로 "혹시 시간 괜찮아?"하는 연이 엄마의 목소리가 들렸다. 이 시간에 시간이 괜찮으냐고 묻는 것은 도움이 필요하다는 의미리라. 나는 벌떡 일어나 차를 몰고 그녀의 집 앞으로 갔다. 빨간 벽돌집 이층이 그녀의 집이었다. 불빛이 환했다. "집 앞이야." 하는 내 전화에 그녀가 기다렸다는 듯이 바로 현관을 나오는 것이 보였다.

새벽인데도 그녀는 야구 모자를 눌러쓰고 나타났다. 아무것도 묻지 않고 운전했다. 연이 엄마도 아무 말 없이 조수석에 앉아 있었다. 너무 멀지도 않으면서 가깝지도 않은 송정 바닷가로 갔다. 하얀 파도가 마주 보이는 곳에 자동차를 세우고, 길 건너 작은 카페에서 따뜻한 커피 한 잔과 로즈메리 한 잔을 샀다. 자동차에 앉아 커피를 건네며 고개를 돌렸을 때, 그제야 그녀의 얼굴이 자세히 보였다.

얼굴이 빨갛게 부어 있으며 와플 같은 문양이 그려져 있었다. 놀라서 모자를 벗겨보니 손자국에 부은 흔적이었다. 남편에게 맞았단다. 손으로 뺨을 맞으면 그런 무늬가 생긴다는 것을 그날 처음 알았다. 아무리 그래도 그렇지, 어쩜 얼굴이 이렇게 될 때까지 때렸을까. 할 말을 못 찾았다. 무언가 속에서 부글부글 끓어오르며 터지는데, 둘은 거친 숨만 몰아쉬었다.

깊은 새벽, 손안의 차는 뜨거웠다가 따뜻했다가 미지근해졌다. 파도는 출렁출렁 하얗게 달려와 바닷가 모래 위에서 흩어지기를 무한 반복하고 있었다. 조수석에 앉은 그녀는 말없이 바다를 바라보다, 콧물을 슬쩍슬쩍 닦다가, 끝내는 서럽게 울었다. 나는 그녀를 위로하지도 안아주지도 않았다. 그냥 내버려두었다. 그녀의 울음은 잦아드는 듯하다 다시 서럽게 일어나기를 반복하며 오래도록 파도를 탔다.

이틀 뒤에 연이 엄마가 전화했다.

"저기, 혹시 할매 집에 데려다 줄 수 있어? 혼자 가기가 무서워서…. 같이 안 갈래?"

반송이라는 곳에 '할매'가 있는데 그 할머니 점괘가 용하다고 들었다며, 어디인지도 모르겠고 혼자 가기에도 무서우니 같이 가자는 것이었다. 살다 보면 감당하기에 버거운 일들을 만난다. 그럴 때 어떤 이는 동굴로 들어가 자신과 대화하고, 어떤 이는 들판으로 뛰어다니며 다른 이를 만나고, 어떤 이는 자신을 어디엔가 의탁한다. 그녀는 누군가에게 의지하고 싶었나 보다.

큰 도로에서 담배 가게를 끼고 오른쪽 골목으로 들어가면 풍선 걸어 놓은 집이 나오는데 거기라고 했다. 물어물어 찾아간 할매집은 조용했다. 너른 방에 나이 지긋한 아주머니 둘과 젊은 처자 하나가 차례를 기다리고 있었다. 모두 심각한 표정으로 운명을 기다리는 듯했다. 처음 접하는 상황이라 연이 엄마와 나는 어리둥절한 표정으로 사람들의 거동만 지켜보았다. 한 명씩 방 끝에 있는 문으로 들어갔다 나왔다. 표정이 무언가 묵직한 보따리를 짊어진 듯했다. 젊은 처자가 작은 방에서 나오자, 연이 엄마가 일어섰다. 내가 들어갔다 오라고 했더니, 연이 엄마는 나더러 같이 들어가자고 했다. 그녀가 손을 잡아끄는 바람에 얼떨결에 일어섰다.

들어간 방은 대기실로 사용하는 방의 반의반 정도 될까, 작았다. 창문도 조명도 없어 캄캄했다. 오래된 나무 책상에 촛불 하나를 켜고, 나무 책상보다 훨씬 더 오래된 것 같은 할머니가 의자에 온몸을 올려 쭈그리고 앉아 있었다. 오른손에는 소고채보다는 짧고 그것보다는 굵은 나무 봉을 들고 있었다. 친구는 촛불이 아른거리는 불빛 안으로 들어가고, 나는 불빛 밖 어두운 구석에 떨어져 앉았다.

할머니가 친구에게 이름과 나이를 물었다. 친구는 무릎을 꿇고, 공손하게 이름과 태어난 날을 말했다. 어두운 방, 촛불 하나 밝히고 할머니는 작은 나무 봉으로 책상을 두드렸다. 그러고 보니 나무 책상이 둥글게 안으로 패였다. 얼마나 오랜 시간 할머니는 촛불 앞에 저러고 있었을까. 얼마나 많이 책상을 두드렸을까. 거의 반달이 되어가는 나무의 곡선을 보며, 얼마나 많은 사람이 저 원만큼 둥글게 위안을 받았을까 언뜻 물었다.

할머니는 1월이 어떻고 2월이 어떻고 그냥저냥 하면서 알아듣지도 못하는 말을 계속 중얼댔다. 잠시 후에 연이 엄마에게 말했다.

"에고 불쌍해서 어쩌나. 세상도 시리고 마음도 시리다. 세상천지 고아로 외롭고 외롭다. 남편이 여자가 있구나. 꽉 잡혀서 둘이 좋다. 애들도 다 데려가겠구나. 그냥 두어라. 돈 안 줄라고 애들 데려가는데 돈 떨어지면 애들이 엄마한테 온다. 걱정마라. 서럽고 서럽다. 비통하고 애통하다. 낮에는 그냥저냥 밤에도 그냥저냥." 할머니는 계속 1월이 어떻고 2월이 어떻고 그냥저냥 하면서 말을 이어갔다.

촛불 희미한 빛 아래 연이 엄마는 무릎을 꿇고 엎드려 울기 시작했다. 차마 가족과 친구 앞에서 쏟아낼 수 없었던 깊고 깊은 아픔을 퍼냈다. 연이 엄마의 저 설움, 얼마나 힘들고 막막했을까. 얼마나 견디기 힘들었으면 듣지도 보지도 못한 낯선 할매를 찾아와 낮게 엎드려 눌렀던 울음을 터뜨릴까. 그 울음소리가 너무도 깊고 슬펐다. 나도 눈물이 났다. 지푸라기라도 잡으려는 듯 엎드려 흐느끼는 그녀의 등 너머에서 그냥저냥 주문을 외며 할머니는 손에 쥔 나무 봉으로 나무 책상을 두드렸다. 움푹움푹 연이 엄마의 삶이 패이고, 서러운 울음소리가 촛불처럼 흔들렸다.

그녀는 차 안에서 미처 멈추지 못한 눈물을 추슬렀다. 우느라 제대로 못 들었던 내용을 내게서 요약 정리하여 들었다.

"나 웃기지?" 하며 퉁퉁 부은 얼굴로 웃는 그녀를 보니 많은 위로를 받은 것 같았다. 그녀는 결국 혼자가 되어 광안리 어느 식당에서 일했다. 최선을 다했으나 어쩔 수 없이 그렇게 되었고, 할머니의 말을 희망 삼아 아이들을 기다리며 하루하루 버텼다.

여섯 달이 채 되기도 전에 남편은 아이들을 그녀에게 보냈다. "사는 게 어디 내 맘대로 되는감. 그냥저냥 살다 보면 제 갈 길로 가 있겄재." 애써 고달픈 일상을 태연하게 말하며 웃던 그녀는 아이들을 데리고 고향인 광주로 갔다. 그녀는 빠르게 평화로운 일상을 회복했다. 그냥저냥 잘 지낸다고 몇 번 소식이 오가고 사람도 오갔다. 몸이 먼 만큼 마음도 멀어졌는지, 소식이 줄임표처럼 뜸해지더니, 어느 사이엔가 기억에만 남아있게 되었다.

가끔 연이 엄마가 생각난다. 그녀가 생각날 때면 '그냥저냥' 도 따라온다. 그냥저냥, 특별한 일 없이 그저 그렇게 되는 대로 벌어지는 일들을 말할 때 쓰는 말이다. 그 말이 왠지 위로처럼 들리고 여유가 느껴지면서 삶을 가볍게 들어 올려주는 주문같이 여겨진다. 가끔 중얼대던 신데렐라 요정의 주문인 '비비디 바비디부'를 '그냥저냥 그냥저냥'으로 바꾸어본다.

나이가 들수록 삶이란 것이 그냥저냥 바람에 나부대는 풀잎 같다는 생각이 든다. 무언가를 열심히 한 것 같은데 돌아보면 한 것이 없고, 열심히 달려 온 것 같은데 도착한 곳이 없다. 하루만 지나도, 조금만 떨어져서 보아도, 불같이 치열했던 일들이 그냥저냥 가벼운 것이 되어 버린다. 언제부턴가 하루하루 그냥저냥 산다. 구름과 구름 사이의 하늘을 보고, 바람과 바람 사이의 냄새를 맡으며, 사람과 사람 사이에 마음을 물처럼 보내며 그냥저냥…. 할 바를 하지만 서둘지 않고 애쓰지 않으며 그냥저냥….

나는 자연인이다

오늘도 케이블방송 여기저기에서 '나는 자연인이다'라는 텔레비전 프로그램이 방송되고 있다. 시청률 1위를 기록하고 있다고 들었는데 그 말이 사실인 것 같다. 특히 남자에게는 어린이의 뽀로로 수준이라고. 대부분 산속 외딴곳에서 홀로 살아가는 남성의 이야기이다. 허름한 집에 낡은 옷차림과 초라한 세간살이가 프로그램 내내 펼쳐진다. 그들의 삶은 깨끗하고 세련되며 위생적인 현대인의 삶과는 거리가 멀다. 그런데도 남성들이 '나는 자연인이다'에 열광하는 이유는 무엇일까. 그 삶을 행복한 삶이라 여기고 부러워하며, 언젠가 자신도 그렇게 살기를 소망하는 것은 무엇 때문일까.

'나는 자연인이다'에 출연하는 사람들은 자연이 좋아서 선택한 사람도 있고, 깊은 병에 들어 치유를 위해 온 사람도 있으며, 사업이 망해서 어쩔 수 없이 세상을 등지고 온 사람도 있다. 사람과 더불어 사는 것이 힘들어 혼자이기를 선택한 사람도 있다. 어디에선가 일본의 남성들이 출근하다가 증발한다는 이야기를 읽은 적이 있다. 수많은 인파 속에서 하나의 점으로 존재하기보다는 어느 곳에서는 중요한 의미로 존재하지 않을까 하는 마음으로 사라진다고 한다. 그들과 같은 이유로 사라져 그곳에 온 사람도 있으리라.

자연인이라 불리는 그들은 외딴곳에서 홀로 사는 것이 왜 좋을까? 화면 속의 주인공 대부분은 자연을 벗 삼는 것이 좋다고 말한다. 그들의 말에 공감한다. 사람은 오늘은 친구였다가 내일은 적이 되기도 한다. 그 과정에서 상처를 입는다. 상처는 서로의 기대와 바람이 흔들리며 생채기를 내는 것이다. 거대한 자연은 움직이기는커녕 흔들리지도 않으니, 인간과 상처를 주고받지 않으리라. 그러니 다정한 벗이 될 수밖에.

자연인은 비 오고 바람 불고 눈 오는 자연 속에서 체념과 순응의 일상을 살리라. 자연이 철 따라 주는 풀을 찾고, 자연에 의지하여 농사를 지어 먹으며, 소소한 사냥을 하며 사는 것이, 몸은 불편할지라도 마음은 더없이 편하리라. 저항 없는 순응은 얼마나 아늑하고 평화로운가. 신을 섬기고 절대자 앞에 고개 숙이는 종교인의 평화로움은 순응에서 비롯된 것이 아닐지.

몇몇 주인공은 세상사에 신경을 쓰지 않고 살 수 있어서 좋다고 한다. 역시 그 말에도 공감한다. 작게는 전기세, 물세부터 크게는 정치, 경제, 사회 전반의 것들이 신경 쓰인다. 인간관계는 어떤가. 집이 어떻고, 자동차가 어떻고, 월급이 어떻고, 지위가 어떻고…. 심지어 내 자식의 성적과 남편의 직장도 견주게 되지 않던가. 나의 것이 작거나, 낮거나, 적으면, 말은 안 해도 패배감을 느끼고 존재감조차 무너지는 일상들. 신경을 안 쓰고 싶어도 신경을 건드리는 것이 너무 많다.

내가 가진 수많은 것의 고마움과 소중함조차 잊어버리기 딱 좋은 풍요 속의 빈곤. 타인의 시선과 자신의 시선이 씨줄과 날줄로 엮인 삶의 거미줄에 걸려 버둥대며, 얼마나 벗어나고 싶던가, 얼마나 자유로워지고 싶던가. 그러니 세상사 잊고 자연에 묻힌 것이 더없이 좋으리라.

그들이 말하지는 않았지만, 나는 그들의 행복은 사실 다른 곳에 있지 않을까? 생각해 본다. 사람은 누구나 자신을 위해, 자신에 의한, 자신의 삶을 추구하지 않을까? 산속 외딴곳에서 자연인은 오로지 자신을 위한 삶만 생각한다. 자신이 머물 곳과 자신이 먹을 것을 위해 자기 생각대로 몸을 움직인다. 집을 짓고, 청소하고, 식재료를 구하고, 음식을 하고, 설거지하고, 빨래를 한다. 실수하겠지. 뜻대로 안 되는 것도 많겠지. 그래도 괜찮다. 남 탓할 구실도 없고 자신을 굳이 탓할 생각도 없다. 부족해도 만족스럽고, 실수해도 그럴 수 있다고 인정한다. 심지어 재미있게 여긴다. 나를 위해 움직이고 스스로 해내는 체험의 반복이 존재의 의미와 성취감을 극대화하리라. 마침내 온전하게 자신을 느끼고 자신을 위해 존재하는 독립된 인간이 되는 것이다.

굳이 왜 그곳에서만 독립된 인간으로 존재하며, 성취감을 느끼고, 자기 자신에게 너그러워지는지 궁금해진다. 집에서도 산속처럼 혼자 살 듯 지낼 수는 없을까. 사냥하고 채취를 하듯 장을 보고, 내가 먹을 밥을 하고, 나의 빨래를 하며 내가 머문 곳을 청소하면 어떨까. 그것도 하고 싶을 때 하고, 하고 싶지 않을 때는 쉬는 것이다. 실수하면 그럴 수 있다고 너그럽게 봐주고, 실패조차 재미있게 바라보는 것이다. 타인의 말과 시선을 새의 지저귐과 다람쥐의 시선이라 여기는 것이다.

나는 그런 사람을 알고 있다. 그 사람은 음식을 먹고 싶으면 직접 음식을 만들고, 이왕 하는 거 넉넉하게 해서 가족과 나누어 먹는다. 옷이 필요하면 세탁기를 돌리고, 청소를 하고 재활용 쓰레기도 분류한다. 냉커피를 먹기 위해 얼음을 얼리고, 생선과 복숭아를 사기 위해 시장에 가며, 필요한 물건을 사기 위해 인터넷 서핑을 주저하지 않는다.

그는 자신이 좋아하는 당구 중계를 보거나 드라마를 보면서, 옆에서 아내가 두드리는 키보드 소리를 시끄럽다고 여기지 않으며, 아이들의 떠드는 소리를 자신이 집중하는 소리와 섞어서 듣지 않는다. 우리가 누군가와 이야기하면서 어디선가 들려오는 새소리, 바람 소리, 매미 소리에 짜증을 내지 않듯이. 나는 '자연인'은 자연 속에 사는 것이 아니라 자연스럽게 사는 것이라 생각한다. 그가 자연인이다.

'나는 자연인이다'를 보며 대리만족하는 사람을 이해한다. 언젠가 저렇게 살리라 꿈을 꾸는 이에게도 행운을 빈다. 저렇게 살 것이라며 준비하는 사람도 응원한다. 하지만 혼자 있는 것을 자유라 생각하고, 자신만을 위한 행동을 도전이라고 여기며, 혼자 살면서 화내지 않는 것을 성숙이라고 생각하지는 않았으면 하는 마음이다. 여럿과 함께 있어도 홀로 서는 것이 자유이고, 익숙한 삶에서 벗어나 새로운 삶의 방식을 추구하는 것이 도전이며, 복잡한 관계에서 단순하고 명쾌하게 사는 것이 성숙이라고 생각한다. 진정한 자유인이란 산속이 아니라 사람들 속에서 자유로운 사람이 아닐까.

당장 산속으로 갈 것이 아니라면, 그럴 형편이 안 된다면, 지금부터 집에서 자유인으로 살아보면 어떨까. 나무가 홀로 자라듯, 풀이 스스로 일어나듯, 자신을 위해 스스로 사는 것이다. 내가 산으로 갈 수도 있지만 산을 내 안으로 가지고 올 수도 있지 않을까. 그때, 진정한 자연인이라 부를 수 있으리라.

스무나흘이 지났다

아버지가 돌아가셨다. 아버지 성함은, 이 성자 익자 이고, 만 팔십오 세였다. 아버지는 점잖았고, 농부답게 순수했으며, 삶에서 배울 것이 많은 어른이었다. 아버지는 작은 동굴에 실개천이 흐르는 목소리를 가졌다. 약간의 울림 속에 맑고 명랑한 기운이 있었다. 말이 많지 않았고, 허풍이나 호언장담 같은 것 없이도 자신감 있게 행동하는 분이었다. 긍정적이었고 낙관적이었다.

어린이날이면 우리 네 남매는 끝없이 넓은 밭, 긴 이랑에 모종 심는 농사일을 도왔다. 나는 심통이 나곤 했다. 다른 아이는 어린이날에 선물을 받고 노는데, 우리는 이게 뭐냐며 투덜댔다. 성격이 급한 어머니가 뾰루퉁해서 입을 내민 내게 한 소리하면, 아버지는 "어이구, 우리 숙이 힘들구나. 조금만 하고 쉬자. 네가 도와주니 아버지는 힘이 난다." 하며 명랑한 목소리로 말했다. 아버지는 대부분 그런 식이었다.

아버지는 무얼 하라고 강요한 적이 없었고, 공부하라고 재촉한 적도 없었다. 자식이 무언가 하고 싶다면 묵묵히 지원해 주었다. 자식이 성과를 내도 실패를 해도 크게 마음을 표현하지 않았다. 하지만 단 한 번 온전히 속내를 드러낸 적이 있었다.

초등학교 일 학년 때, 전국 그림그리기 대회에서 내가 금상을 수상했다. 내 몸뚱아리만 한 상장과 금메달을 받았다. 그때가 겨울 입구쯤이었던 것 같았다. 날씨는 추웠고 밭에는 김장배추가 지푸라기로 묶여 있었다. 학교에서 십 리 되는 길을 단숨에 달려와 손에 들고 있던 상장을 아버지께 드렸다. 아버지는 크게 웃었다. 내가 무언가를 성취했을 때 보여준 가장 큰 웃음이었다. 저녁에 아버지는 나를 데리고 우리 마을에서 제일 큰 가게인 연천상회에 갔다.

"먹고 싶은 거 맘껏 집어라."

이 역시 내가 무언가 성취했을 때 아버지가 준 유일한 선물이었다. 그때의 아버지 음성이 기억난다. 크지는 않았지만 크게 들렸고, 소리 내어 웃지는 않았지만 웃음이 가득 찬 목소리였다. 세상 모든 것을 가진 억만장자가 세상 모든 것을 자식에게 주는 그런 목소리였다. 나도 세상을 다 받은 것 같았다. 나는 오빠와 두 동생의 몫까지 더해서 네 개의 과자를 집었다. 아버지는 내가 형제들 것까지 챙겼다며 가게 아저씨한테 말했는데, 그게 칭찬이라는 것을 알 수 있었다.

중학교 시절에 시험을 왕창 망친 적이 있었다. 나는 조마조마한 마음으로 아버지에게 성적표를 내밀었다. 아버지는 가만 보더니 그냥 도장만 '꾹' 찍어 주었다. 그런 아버지의 모습이 서운했다. 다른 아버지는 성적이 떨어지면 야단도 치고 잔소리도 한다는데, 아버지는 관심도 없느냐며 오히려 내가 투덜댔다. 그때 아버지가 말했다.

"공부는 네 것이지 내 것이 아니다. 네 것은 네가 알아서 해야지."

아버지의 말은 짧았고 스쳐 지나는 투였다. 하지만 그 말이 평생 마음에 남았다. 그것은 '네 인생은 네 것이니, 네가 알아서 잘 살아야 한다.'로 들렸으며, 나는 그렇게 살려고 했다. 나는 자식에게도 아버지의 말을 전해주었다.

아버지는 나를 많이 믿고 의지했다. 형제들은 각자 자신이 가장 사랑 받았다고 생각하고 있지만, 어쨌든 내 생각은 그랬다. 그런 내가 갑자기 결혼하고 미국으로 가버렸다. 나는 금방 돌아올 생각이어서 즐겁게 떠났다. 내가 떠난 후 아버지가 크게 아팠다는 것을 나중에 알았다.

아버지는 내가 떠나자마자 우울해하며 음식도 못 먹고, 헛것을 보며 발작을 일으켰다고 했다. 내 사진이나 물건만 보아도 격하게 반응해서 내 물건을 모두 치워야 했단다. 내가 미국에서 남편과 잘 지내는 동안 가족은 난리를 겪고 있었다. 아버지는 나 때문에 공황장애를 앓았다.

마흔이 넘어서야 내가 아버지 마음에 얼마나 큰 상처를 주었는지 깨달았다. 아버지에게는 미국이 영영 돌아오지 못할 먼 곳일 수도 있다는 것을 헤아려야 했다. 의지했던 딸이 떠난다는 사실에 적응할 시간, 하다못해 이해할 시간을 드렸어야 했다. 그런데 딸이 한 달 만에 결혼하고 볼 수 없는 먼 곳으로 훌쩍 떠나버렸으니, 아버지는 얼마나 덧없고 허탈했을까. 얼마나 상심했을까.

마흔 중반이던 어느 날, 안방에 누워있는 아버지 곁에 앉았다. 이런저런 이야기 하다가, 잘못했다고, 죄송하다고 사과했다. 그때 아버지의 마음을 헤아려야 했는데, 내 위주로만 생각해서 아버지에게 본의 아니게 상처를 주었다고, 용서해달라고. 그때 감고 있던 아버지 눈에서 눈물이 흘러내리는 것을 보았다. 내가 결혼한 지 이십 년이 다 되어가는 동안에도 아버지는 그때의 마음을 풀지 못했었나 보다. 아버지의 눈물을 생각하면 여전히 나는 가슴이 미어진다. 자식이 아무리 부모 마음을 헤아린다고 하지만, 그건 본인의 생각일 뿐 부모의 마음은 알 수가 없는 것이다.

한 달 전에 아버지를 만나 이런저런 수다를 했다. 동굴의 울림은 잦아들고 실개천은 마른 듯한 노인의 목소리였지만, 나는 여전히 아버지의 목소리가 좋았다. 아버지는 자식을 키우고 공부시키는 것이 행복이었다고 했다. 우리 네 남매가 모두 학생이던 그때는 풍비박산한 시기여서 부모님의 고생을 이루 말할 수 없을 때였다. 가장 힘들었는데 뭐가 좋았겠냐며, 고생 많으셨다고 내가 말하니, 아버지는 "부모가 자식을 키우고 공부시키는 것이 당연한데, 그것을 해냈으니 좋지." 하며 자랑스러워했다. 아버지가 품고 있는 삶의 목적과 기쁨이 무엇이었는지 알 것 같은 찰나였다.

아버지가 지금의 내 나이쯤이던 어느 날, "아버지가 이래 봬도 꿈이 있다."고 말한 적이 있었다. 그때 아버지의 목소리에서 풍선같이 가볍고 햇살같이 빛나던 삶의 기쁨을 보았다. 꿈이 뭐냐고 물었더니, 그런 게 있다며 비밀이라고 했다. 자식을 온전히 다 길러냈으니, 아버지의 꿈 중 하나는 이미 이룬 것 같고, 비밀이라던 나머지는 어쩌면 이루지 못했을 거란 생각이 든다. 아니면 몰래 이루었을까.

지난 구월 말, 아버지의 팔이 부러져 동네 병원에 갔을 때, 의사는 아버지가 뼈암 말기인 것 같으며, 삼 개월에서 육 개월 정도의 시간이 남았을 거라고 했다. 그동안 아버지는 가끔 팔이 우리하다는 말만 하고 별다른 증상이 없어 간단한 치료를 받으며 지냈었다.

아버지가 대학병원으로 정밀 검사를 받으러 가기 이틀 전, 그날이 토요일이어서 나는 막냇동생과 함께 아침 일찍 친정에 갔다. 아버지는 급격하게 건강이 나빠져 침대에 누워있었다. 아버지에게 점심으로 죽과 으깬 바나나를 드리니 잘 드셨다. 그런데 토요일 오후부터 갑자기 아버지는 식음을 전폐했다. 순식간이었다. 아버지는 휘몰아치는 숨으로 떠날 채비를 서둘렀다.

평소 '살던 집에서 자다가 죽은 줄 모르게 가고 싶다.'고 했던 아버지였다. 아버지는 연명치료 거부 의사를 이미 기관에 등록해 놓았다. 시부모님을 하늘로 보내드린 경험이 있는 나는 아버지에게 시간이 많지 않다는 것을 알 수 있었다. 차마 낯선 병원, 낯선 사람들 속에 아버지를 홀로 둘 수가 없었다. 병원에 가도 의사가 할 수 있는 것이 없을 것이었다. 나는 대학병원 예약을 취소하자고 형제들에게 말했다. 위독하면 응급실로 가는 것이 대부분의 선택일 테니, 나의 제안에 형제들은 당황했다. 의논 끝에 아버지가 평소 바라던 대로, 집에서 아버지의 임종 약속을 지키기로 했다.

꼬박 하루 동안, 아버지는 태산만큼 힘겹고 폭풍처럼 거친 숨을 쉬며 생을 건너고 있었다. 나는 아버지 옆에 앉았다. 앞으로 얼마나 아버지 곁에 있을 수 있으려나. 그날 노을이 참 고왔다. 어쩌면 저 노을이 아버지의 마지막 노을일지도 모르겠다고 생각했다. 다시 어둠이 내리고, 밤이 깊어지고, 더 깊어지고, 아주 깊어졌을 때, 아버지는, 돌아가셨다.

아버지가 돌아가시고 스무 나흘이 지났다. 아버지의 부재를 잘 모르겠다. 친정에 가면 맑게 울리는 목소리로 '숙이 왔나?' 하면서 아버지가 나올 것 같다. 약간 구부정한 허리에 뒷짐 지고, 착한 얼굴에 미소 지으며, 가족의 주위를 맴돌다 슬그머니 안방에 들어가 아버지 자리에 누울 것만 같다.

"아버지. 요즘 뭐 하고 지내셨어요?"

"뭐 하긴. 맨날 누웠다가 일어났다가 하고 살지. 할 일도 없고 심심하지 뭐냐. 동네 한 바퀴 돌고, 청소기 좀 돌리고, 텔레비전 좀 보다가 밥 먹고, 그러는 거지 뭐. 네 엄마는 바빠 보이는데, 나는 할 일이 없어 심심하지 뭐냐. 늙으니 쓸 데가 없어."

"그럼, 아버지, 저랑 고도리라도 치실래요? 짜장면 내기합시다."

"재미없어. 짜장면도 맛없고. 친구도 다 죽고 없으니, 나도 가고 싶다. 할 일도 다 했고 남을 이유가 없으니 가야지. 네 엄마보다는 그래도 내가 먼저 가야지."

"저는 아버지 보니까 좋기만 하구먼. 오래 계세요."

이젠 이런 수다, 못하겠지.

종이배 띄우다

초판1쇄 발행 2024년 10월 23일

지은이 이재숙
펴낸이 이길안
펴낸곳 세종출판사

주소 부산광역시 중구 흑교로 71번길 12 (보수동2가)
전화 051－463－5898, 253－2213~5
팩스 051－248－4880
전자우편 sjpl5898@daum.net
출판등록 제02-01-96

ISBN 979-11-5979-711-8 03810

정가 17,000원

부산광역시 BUSAN METROPOLITAN CITY 부산문화재단 BUSAN CULTURAL FOUNDATION
본 도서는 2024년 부산광역시, 부산문화재단 〈부산문화예술지원사업〉으로 지원을 받았습니다.